INHALT

> SZENE

S. 12–15: Trends, Entdeckungen, Hotspots! Was wann wo an der Côte d'Azur los ist, verrät die MARCO POLO Szeneautorin vor Ort

> 24 STUNDEN

S. 98/99: Action pur und einmalige Erlebnisse in 24 Stunden! MARCO POLO hat für Sie einen außergewöhnlichen Tag an der Côte d'Azur zusammengestellt

> LOW BUDGET

Viel erleben für wenig Geld! Wo Sie zu kleinen Preisen etwas Besonderes genießen und tolle Schnäppchen machen können:

Einfach, aber köstlich speisen S. 35 | Im Villenviertel residieren S. 50 | Umsonst Picasso gucken S. 60 | Frei parken S. 71 | Gratis Trüffel schnüffeln S. 87

> GUT ZU WISSEN

Was war wann? S. 10 | Spezialitäten S. 26 | Bücher & Filme S. 45 | Der Traum vom Paradies S. 69 | www.marco polo.de S. 108 | Blogs & Podcasts S. 110 | Was kostet wie viel? S. 111 | Wetter in Nizza S. 113

AUF DEM TITEL

Naturschauspiel: Grand Canyon du Verdon S. 85 Grasse: Verführung Duft S. 60

ENTDECKEN SIE DIE CÔTE D'AZUR!

Unsere Top 15 führen Sie an die traumhaftesten Orte und
zu den spannendsten Sehenswürdigkeiten

Die Highlights sind in der Karte auf dem hinteren Umschlag eingetragen

 Grand Casino
Der Prunkbau für Glücksritter in
Monte-Carlo (Seite 32)

 Museé Océanographique
Traumhaft schönes Aquarium
mit wissenschaftlichem Anspruch
in Monaco (Seite 33)

 Promenade des Anglais
Prachtstraße am Meer in Nizza
mit Hotelpalästen aus der Zeit,
als die Engländer die Côte d'Azur
entdeckten (Seite 40)

 Märkte
Egal, ob Fisch, Gemüse oder
Blumen – auf den Märkten in der
Altstadt von Nizza macht Einkaufen
Spaß (Seite 43)

 Cap Ferrat
Das Musée Ephrussi de Rothschild
ist ein Paradebeispiel für eine
Prunkvilla an der Côte d'Azur
(Seite 46)

 Eze
Fotogene Gassen hoch auf den
Felsen (Seite 47)

 Fondation Maeght
Eines der schönsten privaten
Kunstmuseen der Welt. In St-Paul-de-
Vence sind die großen Namen des
20. Jhs. vertreten (Seite 51)

 Musée Picasso
Antibes: Das Grimaldi-Schloss ist seit
Picassos Aufenthalt ein Kunstmuseum
(Seite 54)

> DIE BESTEN MARCO POLO HIGHLIGHTS

La Croisette
Cannes: Boulevard am Meer mit dem
Betonbunker der Filmfestspiele und
Luxushotels unter Palmen (Seite 56)

Grasse
Die Welt der Düfte lässt sich in
der Hauptstadt der Parfumherstellung
erfahren (Seite 60)

Iles d´Or
In Sichtweite des Kontinents, aber
weit weg vom Trubel: drei Inseln für
Ruhesuchende vor Hyères (Seite 70)

St-Tropez
Auch wenn die Jahre des Glamours
vorüber sind: In der Nebensaison ist das
ehemalige Fischerdorf noch immer
wunderschön (Seite 74)

Port-Grimaud
Venedig lässt schön grüßen: Die
Lagunenstadt aus der Retorte dient
seit 1966 als Modell für umwelt-
verträgliche Feriensiedlungen
an der Küste (Seite 76)

Grand Canyon du Verdon
Als die Welt noch jung war:
Über Jahrmillionen hat der Verdon-Fluss
eine bis zu 700 m tiefe, atemberaubende Schlucht in die Felsen
geschnitten (Seite 85)

Train des Pignes
Pinienzapfen pflücken verboten,
gucken erlaubt: Mit der Dampflok und
in Holzwaggons geht es durch 25
Tunnel und über 33 Brücken von Nizza
nach Digne (Seite 91)

WAS FÜR EINE KÜSTE!

> Natürlich ist da erst einmal das Meer. Klar und blau macht es den primären Reiz der Côte d'Azur aus. Doch das Baden ist an der Küste des französischen Südostens nicht das Maß aller Dinge. Zu verlockend sind die lebhaften Städte am Ufer und das karge Hinterland mit seinen grandiosen Landschaften rund um Dörfer wie Saorge oder Lucéram. Natur und Kultur, Meer und Gebirge, Buchten und Schluchten, Trubel und Stille, Tradition und Avangarde: Zwischen Toulon und Menton entfalten eben diese Gegensätze – im gleißenden Licht des Hochsommers genauso wie zur Mimosenblüte im Winter – einen Charme, dem niemand widerstehen kann.

> Luxus, Trubel, Paläste und exotische Blütenpracht am Meer, beschauliche Ruhe, grandiose Naturschauspiele und einsame Felsendörfer im Hinterland: Die Côte d'Azur ist das Land der harten Kontraste. Doch die ziehen sich ja bekanntlich an. Das milde Mittelmeerklima und die Sonne genießen die 20 000 Menschen, die in den tausend Firmen des Hightechparks von Sophia-Antipolis arbeiten, genauso wie die sensiblen Nasen, die sich in Grasse, der Welthauptstadt des Parfums, auf eine 400 Jahre alte Tradition berufen. Oder wie die Millionen von Urlaubern an der Küste, die Frankreich mit schöner Regelmäßigkeit den Titel des Tourismusweltmeisters bescheren.

Kaum ein Landstrich in Europa hat sich in den letzten 200 Jahren so oft und so schnell gewandelt wie die Region zwischen Toulon im Westen, Menton im Osten, den Verdon-Schluchten und dem Parc National du Mercantour im Norden. Jahrhundertelang war die Küste nur Durchgangsstation auf dem Weg zwischen Nordeuropa und Italien. Am Meer lebten arme Fischer, im Hinterland arme Bauern.

Kein Wunder also, dass sich aus der tiefen Vergangenheit nur wenige architektonische Glanzlichter in die Neuzeit gerettet haben. Natürlich gibt es die Spuren der Römerzeit im Domviertel von Fréjus und das Sie-

> Côte d'Azur – ein Kind der modernen Freizeitgesellschaft

gesdenkmal von Kaiser Augustus in La Turbie hoch über Monaco. Natürlich war die Grafschaft Nizza, die erst seit 1860 zu Frankreich gehört, im 17. Jh. ein fruchtbarer Boden für die Baumeister und Künstler der Barockzeit. Selbstverständlich haben

Die Filmfestspiele in Cannes setzen dem ganz normalen Côte-d'Azur-Glamour die Krone auf

die lange vergessenen Felsendörfer im Hinterland ihr mittelalterliches Ensemblebild bewahrt. Aber die Côte d'Azur, die ihren Namen erst 1887 von Stephen Liégeard, einem Unterpräfekten mit literarischer Ader, bekommen hat, ist und bleibt ein Kind der modernen Freizeitgesellschaft. Es zählt nur das Heute, Hier und Jetzt. Blaues Meer, klarer Himmel und vor allem Sonne – viel Sonne.

Reisende aus England entdeckten Mitte des 19. Jhs. das milde Klima für sich. Hyères, Nizza und Cannes waren die ersten internationalen Fremdenverkehrsorte überhaupt. Die europäische Aristokratie flüchtete aus dem kalten und tristen Winter in den Süden, nutzte die Côte d'Azur als Spielwiese für ihre verrücktesten Träume und hatte großen Anteil daran, dass sich die Region in einen kunstvollen Garten Eden verwandelte.

Die Einheimischen schüttelten noch den Kopf, als der Pariser Botaniker Gustave Thuret 1857 auf dem Cap d'Antibes Palmen, Kakteen, Zypressen und Eukalyptusbäume züchtete. Die exotischen Bäume, wie die aus Australien importierten Mimosenbäume mit ihrer sattgelben Blütenpracht im Spätwinter, gehören heute ebenso zur Côte d'Azur wie das blaue Meer, die tiefgrünen Aleppokiefern und die strahlend gelben Zitronen von Menton.

Die verschwenderische Pracht der Flora hat ihr Pendant in der Architektur. Die kosmopolitische Schickeria baute ihre eigenen Paläste ohne Rücksicht auf historisch gewachsene Stadtbilder. Das vom Pariser Opernbauer Charles Garnier entworfene Spielkasino von Monte-Carlo, die gigantischen Fassaden der Luxushotels Negresco in Nizza oder Carlton in Cannes, die Villa der Baronin Ephrussi de Rothschild auf Cap Ferrat, das maurische Haus Djezair in Juan-les-Pins, der Nachbau der antiken griechischen Villa Kerylos in

> **Spielwiese für die verrücktesten Träume**

Beaulieu oder das schlichte Bauhaus-Gebäude der Familie de Noailles in Hyères sind nur ein paar Beispiele für die neuen Wahrzeichen.

Das Markenzeichen Côte d'Azur ist schließlich in der Belle Epoque zu Beginn des 20. Jhs. entstanden – im Winter. Heute scheint es unglaublich, dass erst 1931 einige mutige Hote-

WAS WAR WANN?

Geschichtstabelle

2800–1300 v. Chr. Felszeichnungen im Vallée des Merveilles nördlich von Nizza belegen die bronzezeitliche Besiedelung

4. Jh. v. Chr. Griechen gründen Nikaia (Nizza) und Antipolis (Antibes)

49 v. Chr. Nach der Eroberung Galliens gründet Julius Cäsar Forum Julii, das heutige Fréjus

6 v. Chr. Die Römer unterwerfen die Alpenvölker und errichten das Siegesdenkmal in La Turbie

1297 François Grimaldi erobert die Burg von Monaco

1789 Nach der Französischen Revolution wird das Fürstentum Monaco als Fort Hercule annektiert und nach Napoléons Eroberung von Nizza eine Gemeinde im Département Alpes-Maritimes

1815 Napoléon landet am 1. März in Golfe-Juan, seine „Herrschaft der Hundert Tage" endet mit der Schlacht von Waterloo

1878 Charles Garnier baut das Spielkasino von Monte-Carlo

1940–44 Italien besetzt 1940 Menton, 1942 marschieren deutsche Truppen in Südfrankreich ein. 1944 Befreiung der Côte d'Azur durch die Alliierten

1946 Erste Filmfestspiele in Cannes

1969 Start für den Bau des Technologiezentrums Sophia-Antipolis im Hinterland von Antibes

1990 Einweihung des Museums für Moderne Kunst in Nizza

2005 Nach dem Tod Fürst Rainiers III übernimmt Sohn Albert II die Regentschaft über das Fürstentum Monaco

liers ihre Häuser ausgerechnet in der Jahreszeit öffneten, die den alten Aristokraten zu heiß geworden war.

Heute lebt die Côte d'Azur vom Sommertourismus. Im Juli und August herrscht Ausnahmezustand. Alles ist überfüllt: die Straßen, die Hotels, die Campingplätze, die wunderschönen Buchten. Die Preise steigen mit den Temperaturen, ganz selten sind Parkplätze am Meer wie an den berühmten Stränden rund um St-Tropez umsonst. Das Fischerdorf, von impressionistischen Malern um 1900 entdeckt, ist nach 1950 zum Inbegriff des internationalen Jetsets geworden. Schrittmacher waren erst Literaten aus Paris, Filmleute wie Roger Vadim und Brigitte Bardot, Playboys wie Gunter Sachs und schließlich Schlagerstars wie Johnny Hallyday. An den Stränden von Pampelonne und Tahiti trugen Stars und Sternchen ihre Haut zu Markte, lockten mit braun gebrannten Körpern die Regenbogenpresse an, die auf immer neue Skandale hoffte.

Die Berühmten haben längst vor den Blechlawinen kapituliert, die im Sommer die Strecke rund um den Golf zur Tortur machen. Und St-Tropez und die Halbinsel von Ramatuelle stehen heute erneut als Symbol für neue Entwicklungen. Weg vom Massentourismus, Schutz von Küstenstreifen und Natur sowie drastische Bauvorschriften sind die Ansätze, um die Schönheit der Landschaft für die Zukunft zu bewahren. Denn es gibt sie noch, die stillen und einsamen Buchten zum Baden, mitten in der Hochsaison in einem der größten Touristenzentren der Côte d'Azur.

Die Natur als grandioses Schauspiel erleben Neugierige aber auch weitab der Küste in den Schluchten, die Flüsse wie der Verdon, der Estéron,

> **Es gibt sie noch: die stillen, einsamen Buchten**

der Var, der Loup oder die Roya in die Felsen geschnitten haben. Winzige Dörfer wie Aiglun oder Roquestéron setzen im Norden von Grasse und Vence mittlerweile auf Wassersport- und Wandertourismus. Von den spektakulären, bizarr in leuchtend rote Felsen gefrästen Gorges du Cians ist es nur eine kurze Strecke hinüber in den Nationalpark des Mercantour. Dort sind, nicht einmal zwei

Autostunden von der Küste mit ihren Palästen entfernt, sogar die Wölfe wieder heimisch geworden.

Entdecken Sie die Küste und mit Alpes-Maritimes, Var und Alpes-de-Haute-Provence drei der schönsten Départements Frankreichs. Dieser Reiseführer nimmt Sie mit auf den Weg von Toulon nach Menton, immer am Meer entlang. Nicht nur Autofahrer, sondern auch Spaziergänger erwarten herrliche Aussichten. Allein im Département Var sind mehr als 250 km des *sentier littoral*, des Küstenwanderpfads zwischen Bandol und St-Raphaël, erschlossen. Packen Sie also die festen Schuhe neben die Badehose und lassen Sie sich ein auf die blaue Küste der Kontraste!

So fährt man stilecht in den Hafen von St-Tropez ein

▶▶ TREND GUIDE CÔTE D'AZUR

Die heißesten Entdeckungen und Hotspots! Unser Szene-Scout zeigt Ihnen, was angesagt ist

Barbara Kimmig

liebt ihre Wahlheimat, weil sie so international ist und alles bietet, was man braucht: Meer, Berge, Kunst, Kultur und eine lebendige Szene. Nicht erst seit der Eröffnung ihres *Hôtels de Charme Villa la Tour (www.villa-la-tour.com)* in Nizza gehört sie zur Szene. Ihre persönlichen Beach-Hotspots: Castel, direkt gegenüber der Altstadt oder Ruhl-Plage, gegenüber dem *Hotel Meridien.*

▶▶ KLETTER-MEKKA

Den Profis abgeschaut

Ran an die Wand, heißt es an der Côte d'Azur für Freeclimber. Zahlreiche Klettersteige wie die *Via Ferrata la Traditionelle* bei Auron warten darauf, bezwungen zu werden. Atemberaubend: der erste unterirdische Klettersteig der Welt *(Via Souterrata – Caille,* Infos bei *Lou Païs,* Tel. 049 360 34 51, *www.lou-pais.com,* Foto). Über Leitern und Affenbrücken geht es bis zu 44 Meter unter die Erde.

▶▶ MODERN ART

Plattform für Künstler

Die Kunstszene boomt – und präsentiert sich selbstbewusst. Die Highlights der Galerienlandschaft mit zeitgenössischen Werken sind das *Galérie-Musée Raoul Dufy (77, Quai des États-Unis)* und das *Galérie-Musée Mossa (59, Quai des États-Unis),* das die Werke des eigenwilligen Symbolisten Gustav Adolf Mossa zeigt. Fans der naiven Malerei kommen im eigens dafür geschaffenen *Musée International d'Art Naïf Anatole Jakovsky (im Château Sainte-Hélène, Avenue de Fabron, www.midan.org,* Foto) voll auf ihre Kosten.

SZENE

▶▶ BIO-CITY

Organisch essen à la nicoise

100 Prozent Bio, 100 Prozent Design: Dieses Duo feiert in Nizzas Restaurants Erfolge. In der *Cantine bio d'Alain Alexanian* ist das Interieur ebenso kunstvoll arrangiert wie das Essen: Das edle Bio-Food holt man sich in der Style-Cantine selbst aus der edlen Vitrine *(3, Avenue des Fleurs, www.hi-hotel.net)*. Im *Bio & Cie* ist das Essen traditioneller: Carpaccio, Pasta, Käse – der Geschmack zählt und der ist unübertroffen! Die Dekoration des Restaurants stammt von Roland Coquerille, einem echten *Artiste Nicoise (12, Rue Alberti, www.bio-et-cie.com)*. Der Bio-Trend setzt sich bis hin zum eigenen Kühlschrank durch, der zum Beispiel mit den stilvoll verpackten Öko-Chutneys, -Sirups und -Konfitüren von *Sirop T* gefüllt wird *(4, Rue de la Poissonnerie, www.sirop-t.com,* Foto*)*. Trendsetter informieren sich bei der jährlich stattfinden Bio-Food-Messe Nizzas, dem *Salon Bionazur (Palais des Expositions, bionazur.nicexpo.org)*.

▶▶ ELECTRIC

DJ-Culture zwischen Nizza und Monaco

Elektro ist Trend und zieht sich von Nizza bis Monaco! Im *Le Nyce Club (8, Passage Emile Négrin, Nizza, www.lenyceclub.com)* starten die Beats zur Afterwork-Hour, nach dem Loungen wird bis spät in die Nacht gefeiert. Everyday Electro steht im *Le Ghost* auf dem Programm – einmal die Woche wird mit lässigem French House abgewechselt *(3, Rue Barillerie, Nizza, www.leghost-pub.com)* und zu den Scheiben, die DJs im *Zebra Square* in Monaco *(10, Ave. Princesse Grace, im Grimaldi Forum, www.zebrasquare.com)* auflegen, tanzen Models und Schauspieler.

▶▶ HOTSPOT FÜR KITER

Die perfekte Welle

Kitesurfing avanciert zum Trendsport an der Côte d'Azur. Immer mehr wagemutige Cracks treffen sich direkt an den Klippen von Cannes und Nizza und stellen sich den Herausforderungen der Steilküste und dem starken Wellengang. Kein Wunder, dass immer mehr Kiteschulen aus dem Boden sprießen. Bei *Kitesurf Passion* in Carqueiranne *(Le Jardin Plein Soleil, www.kitesurf-passion.com)* und *Air'X Kite (www.airxkite.com)* mit zwei Standorten in Saint Laurent du Var *(416, av. Eugène Donadei)* und Mandelieu la Napoule *(Avenue du Générale de Gaulle)* lernen Anfänger und Fortgeschrittene Tricks, wie sie die Wellen mit dem Brett bezwingen.

▶▶ TAHITI BEACH

Daytime-Partys in St.-Tropez

Glitzerpareo, Cowboyhut und Partylaune sind die unerlässlichen Beach-Accessoires an den In-Stränden. In Ramatuelle bei St.-Tropez wird das Leben zelebriert! Am Plage du Tahiti drängen sich Dutzende Beachclubs aneinander. Der absolute Hotspot für die internationale Jeunesse ist *Nikki Beach (Route de Epi, Ramatuelle, www.nikkibeach.com*, Foto), wo auf Baldachinbetten geloungt und rund um den Pool ab mittags getanzt wird. Zu housig und wild? Ein kleines bisschen gediegener geht es im *La Voile Rouge* am Moorea Beach zu, wo gerne mal Bruce Willis, P. Diddy und Naomi Campbell – allesamt Stammgäste an der Cote d'Azur – Champagnerflaschen köpfen lassen. Die Neuzugänge auf der Strandparty-Landkarte sind das *Nioulargo*, wo nach einem feinen Lunch die Party startet *(Plage Pampelonne, Bd. Patch, www.nioulargo.fr)*, und das Club-Kreuzfahrtschiff *Nikki Beach at Sea (www.nikkibeachatsea.com)* – Party ahoi!

▶▶ KONZEPT TEAROOMS

Hybrid-Geschäfte in Nizza

It's Tea Time! Nizza entdeckt Konzept-Stores mit angeschlossenem Teesalon für sich. Das Prinzip ist genauso simpel wie genial. Vor, während und nach dem Einkauf können Fashionistas jederzeit ein Tässchen Tee trinken und einen Happen essen. Im *Espace Harroch* shoppt man sich durch vier Etagen Designerkleidung von Helmut Lang bis Issey Miyake, angesagte Wohnaccessoires, ausgefallene Möbel und verführerische Raumdüfte. Da braucht man schon eine Stärkung in Form von Tee *(7, Rue Paradis, Tel. 04 93 82 50 23)*. Im Boutique-Teesalon *Fleur de café (7 bis, Rue Maréchal Joffre, Tel. 04 93 88 95 25,* Foto*)* laufen die Sinne auf Hochtouren. Beim Genuss leichter Mittelmeerküche oder Schokoladen-Tartes entdeckt man stylishe Möbel und leckere kulinarische Produkte.

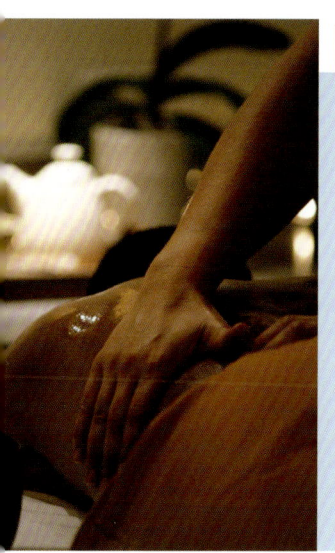

▶▶ ASIAN DREAMS

Kraft und Power aus Fernost

Östlich ist in: Die Locals entspannen ab jetzt am liebsten in asiatischem oder orientalischem Ambiente. So etwa im *Monte Carlo Spa Mirabeau* bei Treatments mit mediterranen Ölen und Essenzen wie Guarana und Geranie *(2, Avenue de Monte-Carlo, Monaco, www.montecarlospa.com,* Foto*)*. Im *Hip Holispa* erholt man sich bei Massagen in der fernöstlichen Zen-Oase *(Rue Longchamp 2, Nizza, www.hip.fr)*. Orientalisch inspiriert ist das *La Bulle d'Isis (37, Rue Masséna, Nizza, www.labulledisis.fr)*, dort verwöhnen Treatments mit Schokolade und Kokosnuss. Wer bei diesen Leckereien Hunger bekommt, geht danach in *Kei's Passion*. Hier vereinen sich französische und japanische Küche *(22 ter., Rue de Franc, Nizza, www.keispassion.com)*.

> BLÜTENRAUSCH UND JETSETMYTHOS

Hinter den Kulissen der Côte d'Azur gibt es mehr zu erleben als nur das jährliche Sommertheater

AUTORENNEN

Der Markenname eines der größten und renommiertesten Automobilherstellers des Welt ist an der Côte d'Azur erfunden worden. Der in Nizza lebende Kaufmann Emil Jellinek benötigte ein Pseudonym für die von ihm gemeldeten Fahrzeuge für die ersten Autorennen der begüterten Herrenfahrer. Und so benannte er die Rennkutschen, die schon zu Beginn des 20. Jhs. über die Bergstraßen der südfranzösischen Küste rauschten, nach seiner Tochter Mercedes.

Die Tradition der Rennen an der Küste wird fortgeführt: Im Januar gibt die 1911 erstmals gefahrene Rallye Monte-Carlo den Startschuss für die Rallye-Weltmeisterschaft der Autos. Monaco ist im Mai mit dem einzigen, 1929 eingeweihten Stadtkurs der Formel 1 dick im Millionengeschäft.

Bild: Rosenpflücker in Grasse

STICH WORTE

BLUMENKORSO

Den Winter treiben die Bewohner der Côte d'Azur mit reichlich Blüten aus. Fast drei Wochen lang feiern Menton und Nizza im Februar den Karneval und den Frühlingsbeginn im Zeichen von Zitronen, Orangen und tausend Blüten. Mandelieu-la-Napoule und Bormes-les-Mimosas dagegen setzen auf das satte Gelb der Mimosen. Höhepunkt ist überall der Blumenkorso, der Festumzug mit reich dekorierten Wagen.

FILMFESTSPIELE

Auch wenn die Nostalgiker von der schönen alten Zeit träumen, in der alles besser war: Cannes ist und bleibt das wichtigste Filmfestival in Europa. Die „Goldene Palme", seit 1946 an der Croisette verliehen, verschafft im Mai Stars und Sternchen aus der ganzen Welt ein großes Rendezvous. Und das neugierige Publikum drängt sich weiter um die gigantische, mit einem roten Teppich versehene Treppe zum Hauptschauplatz, dem Festspielhaus, um einen Blick auf die Berühmtheiten zu werfen.

FLORA

Durch die hohen Gebirgszüge vor kalten Nordwinden geschützt, konnten an der Küste neben der angestammten Flora wie Eichen- und Kastanienwäldern, wilden Blumen und Sträuchern auch Pflanzen aus wärmeren Gegenden der Welt heimisch werden. Orangen- und Olivenbäume findet man allerorten. Der unsterbliche Olivenbaum mit den knorrigen Ästen und dem silbern schimmernden Laub wurde vor etwa 3000 Jahren aus Griechenland importiert. Hauptanbaugebiete sind heute die Gegend um Brignoles und Draguignan, die Täler von Roya und Bévéra sowie das Umland von Nizza. Nach den großen Frösten von 1956 sind heute zwei widerstandsfähigere Arten bestimmend: Aglandau und Verdale. Liebhaber und große Restaurants bezahlen den höheren Preis für das hochwertige heimische Olivenöl, das die Jahrtausende alte Tradition fortsetzt.

Frost ist Gift für die Mimosenbäume, die der Legende nach Truppen von Napoléon III im Jahr 1867 aus Mexiko an die Mittelmeerküste gebracht haben sollen. Den Beinamen „Les Mimosas" führt das kleine Dorf Bormes hoch über Le Lavandou erst seit 1968. Als Hauptstadt der Akazienart mit ihren sattgelben Blütenkugeln gilt Mandélieu am Fuß des Tanneron-Gebirges, das sich ab Mitte Januar in ein einziges duftendes gelbes Meer verwandelt.

Kaiser Augustus' Alpentrophäe dominiert noch heute die Gegend von La Turbie

Die ersten Palmen wurden 1867 in Hyères gepflanzt, aber sie bestimmen auch das Straßenbild in Nizza und Cannes. Zwei Arten gedeihen vor allem am Mittelmeer: die Dattelpalme aus Nordafrika und die kanarische Palme.

Zypressen spielen in den Hügeln des Hinterlandes eine wichtige Rolle. Mit ihrer schlanken Kegelform schützen sie die Felder gegen den kühlen Nordwind aus dem Gebirge.

GRIECHEN UND RÖMER

Forum Julii, so taufte Cäsar 49 v. Chr. auf seinem Feldzug in Gallien einen Etappenort: Im heutigen Fréjus sind die Spuren der Römer noch immer zu sehen. Sie bauten auch die Via Aurelia als Verbindung von Genua nach Gallien. Die Trasse, als

2,5 m breite Straße gepflastert, führte über Cimiez, Fréjus und Brignoles nach Aix-en-Provence und ist heute als Nationalstraße 7 neben der Autobahn die wichtigste Straße an der Côte d'Azur. Älter noch als Fréjus sind aber Nizza und Antibes, die im 4. Jh. v. Chr. von den Griechen, die sich in Marseille niedergelassen hatten, gegründet wurden.

NAPOLÉON

An der Mittelmeerküste hat der berühmte Feldherr sämtliche Höhen und Tiefen seiner Karriere erlebt. Die ersten Lorbeeren erntete der damals 24-Jährige bei der Belagerung von Toulon im Jahr 1793 und der Befreiung der Stadt von den englischen Besatzern, ein Jahr später war er als General in Nizza stationiert. Von dort startete der Korse 1796 seinen Italienfeldzug, 1799 landete er nach der Ägyptenexpedition in St-Raphaël.

15 Jahre später ging der General von diesem Hafen aus ins Exil nach Elba. Aber schon zehn Monate später kehrte er zurück nach Golfe-Juan und feierte auf der heutigen Route Napoléon über die Alpen die triumphale Rückkehr nach Paris.

PARFUM

Bitterorangen, Jasmin, Lavendel, Rosen und Veilchen – das ist der Fünfklang für die Welt der Düfte und Aromen, die in Grasse ihre Hauptstadt gefunden hat. Die Zitrusfrüchte kommen von der Küste, die Kräuter aus den Bergen, die Veilchen aus Tourrettes-sur-Loup, Jasmin und Rosen aus Grasse, seit dem 16. Jh. das

Zentrum der Parfumindustrie. Das Geschäft mit Aromen und Düften für Lebensmittel und Kosmetik macht heute die Hälfte des Umsatzes der gut 30 Firmen von der Manufaktur bis zum Großbetrieb in und um Grasse aus.

PROMINENZ

Im Gegensatz zur Provence und der Toskana haben die Mächtigen der Erde die südostfranzösische Küste lange gemieden. Erst in der Mitte des 19. Jhs. entdeckte die Aristokratie die Côte d'Azur. Die Zaren sorgten dafür, dass in Nizza ein Klein-Russland mit Kirchen und Landsitzen entstand. Bayernkönig Ludwig I., Queen Victoria, die französische Kaiserwitwe Eugénie und Belgiens König Leopold II. ließen sich zwischen Cannes und Nizza nieder.

Der internationale Jetset bastelte dann nach dem Zweiten Weltkrieg an dem Mythos. St-Tropez war lange das Nonplusultra der Playboys und Filmstars, heutzutage verstecken sich die Prominenten in den Hügeln des Hinterlandes oder profitieren wie Autorennfahrer und Tennisprofis vom Steuerparadies Monaco. Zum Bummeln kommen sie dennoch regelmäßig an die Küste.

RIVIERA

Der italienische Name Riviera galt einst für den gesamten Küstenstreifen von La Spezia bis Marseille. Heute wird als Riviera nur noch der schmale Saum am Mittelmeer in Ligurien bezeichnet. Aus der „Französischen Riviera" ist die Côte d'Azur

geworden, aber es gibt nirgendwo klar definierte Grenzen für dieses Gebiet. In diesem Band wird die Côte d'Azur von der Stadt Toulon mit ihrer Bucht im Westen bis zur Grenzstadt Menton im Osten beschrieben.

SCHULE VON NIZZA

Louis Bréa begründete die Schule von Nizza im 15. Jh., aber der Ruhm des Malers beschränkte sich lange Zeit auf seine Heimatregion. Erst jetzt werden die Kirchenbilder der Barockkünstler wieder entdeckt und geschätzt. Beispiele von Louis Bréa, seinem Bruder Antoine oder seinem Neffen François sind in Nizza (Kloster Cimiez), Sospel (St-Michel), La Brigue (St-Martin), Coursegoules (Ste-Marie-Madeleine) oder Lucéram (Ste-Marguerite) zu sehen.

Doch die Kunstszene an der Côte d'Azur ruht sich nicht auf den Lorbeeren der alten Künstler aus. Mit dem „Neuen Realismus" erkunden Yves Klein oder Arman, beide in Nizza geboren, zusammen mit Martial Raysse, der aus Golfe-Juan stammt, die Grenzen der zeitgenössischen Kunst. Aus der modernen Schule von Nizza, zu der neben Niki de St-Phalle auch Daniel Spoerri gehörte, entwickeln Ben Vautier oder Claude Viallat neue Ansätze zur Konzeptkunst.

SENTIER LITTORAL

Der Zugang zum Meer ist für alle frei. Das französische Gesetz aus dem Jahr 1976, das einen drei Meter breiten Streifen am Meer für die Öffentlichkeit reserviert, trägt seine Früchte vor allem im Département Var. Dort sind inzwischen mehr als 250 km als *sentier littoral*, also als öffentlicher Küstenwanderpfad, ausgeschildert. Aber die alten Zöllnerpfade kommen selbst in den Refu-

Welt. Für Segler ist die Côte d'Azur ein echtes Paradies. Allein 71 000 Boote sind zwischen Cannes und Monaco registriert. Hyères mit den drei Goldinseln Porquerolles, Port-Cros und Levant in Sicht- und Tagesreisenweite ist einer der beliebtesten Ankerplätze, Antibes ist mit 1700 Liegeplätzen sogar der größte Yacht-

Nicht bloß ein Statussymbol: Ohne Boot kommt man in Port-Grimaud nur schlecht voran

gien der Reichen zu neuen Ehren: Wanderwege gibt es sowohl auf dem Cap d'Antibes, auf Cap Ferrat oder am Cap Martin bei Monaco.

YACHTEN

Nach der Karibik ist das Mittelmeer das zweitgrößte Kreuzfahrtziel der

hafen ganz Europas. Die größten Privatyachten auf dem Meer werfen den Anker vor St-Tropez oder Monaco. Und der Bedarf ist noch lange nicht gedeckt: Fréjus hat schon einen neuen Hafen gebaut, St-Raphaël erweitert die Becken genauso wie Nizza, Monaco, Cannes und Vallauris-Golfe-Juan.

WEIHRAUCH UND AUSPUFFGASE

Den Festekalender der Côte d'Azur zeichnet vor allem eines aus: die kuriose Mischung aus Kirchweih, Karneval und Formel-1

> Im Sommer jagt ein Festival das andere, das Frühjahr wird schon im Februar mit verschwenderischer Blütenpracht eingeläutet, im Herbst und Winter stehen die Volksfeste in den Dörfern des Hinterlandes im Zeichen von Gastronomie und Natur.

■ FEIERTAGE

1. Jan. *Neujahr;* **Ostermontag; 1. Mai** *Tag der Arbeit;* **8. Mai** *Kriegsende 1945;* **Christi Himmelfahrt; 14. Juli** *Nationalfeiertag;* **15. Aug.** *Mariä Himmelfahrt;* **1. Nov.** *Allerheiligen;* **11. Nov.** *Waffenstillstand 1918;* **19. Nov.** *Staatsfeiertag in Monaco;* **25. Dez.** *Weihnachten*

■ FESTE UND VERANSTALTUNGEN

Januar

Rallye Monte-Carlo: Seit 1911 der Jahresauftakt für den Motorsport mit spektakulären Bergetappen im Hinterland
Fête de St-Marcel in Barjols: Altes provenzalisches Volksfest zu Ehren des hl. Marcellus im Hinterland des Haut-Var mit Musik, Umzug und Gottesdienst. Am Wochenende um den 16. Jan. wird seit dem 14. Jh. ein Ochse geopfert.
Zirkusfestival in Monaco: Die fürstliche Familie holt für eine Woche die besten Akrobaten und Clowns unter die Zirkuskuppel am Mittelmeer.
▶▶ *Midem in Cannes:* Internationale Messe Ende Januar im Festivalhaus für Unterhaltungsmusik mit Dutzenden von Pop- und Rockkonzerten in der Stadt

Februar

Mimosenfest in Bormes-les-Mimosas: Seit 1920 feiert das Dorf am dritten Sonntag im Februar die gelbe Blütenpracht der Mimosen und den Frühlingsanfang mit Blumenkorso und Volksfest.
Karneval in Nizza: 3 Wochen lang im Februar Trubel. Jeden Tag Blumenschlachten, Konzerte, Straßentheater und eine riesige Technoparty
Zitronenfest in Menton: Nach dem Karneval von Nizza das zweitgrößte Fest an der Côte d'Azur. Die ganze Stadt steht 3 Wochen lang im Zeichen von Zitronen

Inside-Tipp

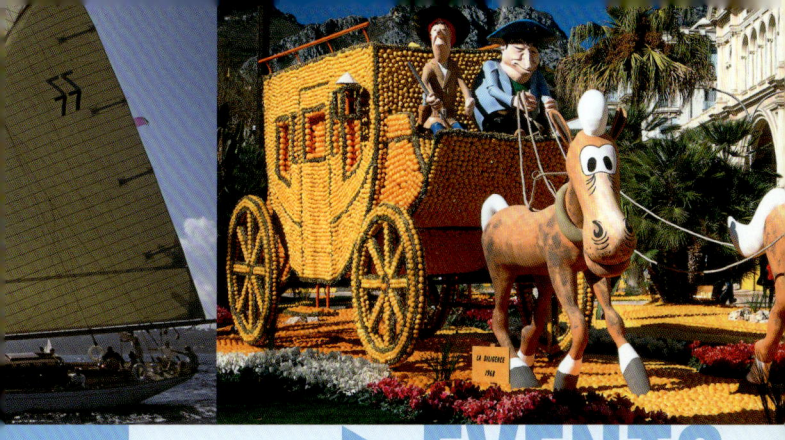

> EVENTS
FESTE & MEHR

und Orangen: Blumenschlachten, Para-
den und Bälle für 200 000 Besucher

März
Funboard-Weltcup in Hyères: Erste Regatta der Surfer Anfang März an den
beiden Stränden zwischen Hyères und
der Halbinsel von Giens

Mai/Juni
▶▶ *Filmfestspiele von Cannes:* Seit 1946
im Mai das internationale Treffen der
Großen des Filmes
Grand Prix von Monaco: Das einzige
Formel-1-Autorennen, das mitten in ei-
ner Stadt ausgetragen wird
Bravade in St-Tropez: Prozession und
Volksfest zu Ehren des Stadtheiligen,
des hl. Torpes, Mitte Mai
Am 15. Juni *Spanier-Bravade in St-Tro-
pez,* Fest zum Gedenken an den Sieg
über die spanische Flotte 1637

Juli
Jazz à Juan: Seit über 40 Jahren geht im
Stadtwald von Juan-les-Pins das von

Saxofonist Sidney Bechet gegründete,
internationale Jazzfestival über die
Bühne.
Jazzfestival Nizza: In den Ruinen der rö-
mischen Arena geben sich Ende Juli die
Weltstars des Jazz ein Stelldichein

August
Jasminfest in Grasse: Anfang August
dreht sich eine Woche lang alles um die
duftende Pflanze

September
Monaco Yacht Show: Die Messe für die
größten und verrücktesten Yachten Europas zieht jede Menge Besucher an.
Ende September

Oktober
Les Voiles de St-Tropez: Regatta im Golf
von St-Tropez. Anfang Oktober

Dezember
Hirtenweihnacht in Lucéram: Weihnach-
ten feiern nach alter Tradition mit den
Hirten im Hinterland von Nizza

> DIE SONNENSEITE DER MITTELMEERKÜCHE

Aus dem Meer und von den Feldern kommen beste Zutaten für die leichten, gesunden Gerichte des Südens

> Die alte Streitfrage, ob die italienische oder die französische Küche besser sei, hat sich an der Côte d'Azur ganz schnell erledigt: Die Grafschaft Nizza gehört erst seit 1860 zu Frankreich und hat über Jahrhunderte hinweg alle Qualitäten Italiens gepflegt.

Die Einflüsse beider Länder sorgen dafür, dass an der Mittelmeerküste und im Hinterland sowohl kulinarische Amateure als auch Feinschmecker verwöhnt werden.

Die Küche an der Côte d'Azur ist einfach, leicht und gesund. Es gibt Gemüse in allen Variationen, Fische und Meeresfrüchte, eine unglaubliche Vielfalt an Gewürzkräutern von Thymian und Rosmarin über Minze, Salbei und Basilikum bis zu Fenchel und Lorbeer. Dazu kommen Lammfleisch aus dem Hochland, Käse von Ziegen und Schafen, die exotischsten Früchte und als Krönung ein Wein aus heimischem Anbau, der seit eini-

Bild: Restaurants in den Gassen von Cannes

ESSEN & TRINKEN

gen Jahren einen großen Qualitäts-
sprung erlebt.

Das Land bietet fast alles in bester
Frische: Im Norden des Départements Var, in Aups, gibt es im Winter
sogar einen der wichtigsten Trüffel-
märkte Südfrankreichs. Zwischen
Toulon und Menton entdecken immer mehr Landwirte den biologischen Anbau und verzichten auf die
Chemiekeule. Das kleine Dorf Cor-
rens im Hinterland des Var hat innerhalb kurzer Zeit praktisch seine ge-
samte Wein-, Gemüse- und Obstpro-
duktion umgestellt. Die Produkte der
zum großen Teil relativ kleinen Höfe
werden oft auf speziellen Märkten,
den *marchés paysans*, verkauft und
von den guten Restaurants verwertet.

Trotz Fastfood, das vor allem in
den größeren Städten immer mehr ju-
gendliche Anhänger findet, hat kaum
eine andere Region Frankreichs so
viele Sterneköche wie die Côte d'A-

zur. „Einfachheit und Luxus, das sind die Prinzipien der provenzalischen Küche", sagt Alain Ducasse, der vom Restaurant Le Louis XV im Hôtel de Paris in Monaco aus ein ganzes Imperium von Spitzenrestaurants aufgebaut hat. Ducasse ist ein Schüler von Roger Vergé, der als Vater der *cuisine du sud*, der Küche des Südens, gilt. Die großen Zeremonienmeister der Kochkunst bleiben bei den einfachen Grundrezepten. Von der Sonne verwöhnte Tomaten und Zucchini brauchen nur einen Hauch von frischen Kräutern und ein wenig Olivenöl, um ihren ganzen Geschmack zu entfal-

> SPEZIALITÄTEN
Genießen Sie die typisch südfranzösische Küche!

bouillabaisse – Fischsuppe mit Drachenkopf *(rascasse)*, Knurrhahn *(grondin)* und Seeaal *(congre)*. Außerdem: Zwiebeln, Tomaten, Safran, Knoblauch, Lorbeer, Fenchel, Salbei, ein Stück Orangenschale und natürlich Olivenöl

bourride – wie die Bouillabaisse, aber mit Seewolf *(loup)*, Seeteufel *(baudroie)* und Seehecht *(merlan)*, gebunden mit *aïoli*, der würzigen Mayonnaise aus Knoblauch, Olivenöl und Eigelb

estocaficada – Stockfisch, stundenlang mit Tomaten, Zwiebeln, Paprika, Kartoffeln und Gewürzkräutern geschmort, mit schwarzen Oliven garniert

fleurs de courgette – gefüllte Zucchiniblüten

pan bagnat – in Olivenöl gebackenes Weißbrot, garniert mit Salatblättern, rohen Zwiebeln, Tomaten, Sardellen, schwarzen Oliven und gekochtem Ei

petits farcis – mit einer feinen Mischung gefüllte Gemüse, z. B. Zucchini, Tomaten oder Auberginen

pissaladière – Zwiebelkuchen, garniert mit der *pissala*, einer dicken Sauce auf Sardellenbasis und schwarzen Oliven

ratatouille – Gemüseeintopf aus Auberginen, Paprika, Tomaten, Zwiebeln und Zucchini, in Olivenöl mit Knoblauch und Kräutern gedünstet. Heiß oder kalt

salade niçoise – Salat mit Thunfisch auf grünem Salat, grünen Bohnen, Radieschen, schwarzen Oliven, Paprikaschoten, hart gekochten Eiern und Sardellen in Olivenöl (Foto)

socca – in großen Pfannen gebackener Fladen aus Kichererbsenmehl

soupe au pistou – Gemüsesuppe aus weißen Bohnen, Tomaten und Zucchini mit *pistou*, einer dicken Pasta aus viel Basilikum, Knoblauch und Olivenöl

tapenade – Creme aus schwarzen Oliven, Kapern und Sardellenfilets

tourta de blea – süßer Kuchen aus gehackten Mangoldblättern *(blettes)* mit Pinienkernen und Rosinen

ten. Gemüse, Fisch, Olivenöl, Knoblauch und – in Maßen – ein guter Wein sorgen dafür, dass die Menschen im Süden die höchste Lebenserwartung in Frankreich haben. Auch Besucher mit kleinem Budget müssen auf kulinarische Genüsse nicht verzichten: Gute regionale Küche zu vernünftigen Preisen ist überall zu finden, an der Küste wie in den kleinen Dörfern im Hinterland.

Das Frühstück *(petit déjeuner)* fällt karg aus: Eine Tasse Kaffee, eventuell mit Milch, dazu Weißbrot, Butter und Konfitüre, manchmal gibt es ein Croissant. Dafür werden beim Mittagessen *(déjeuner)* zwischen 12 und 14 Uhr gleich drei Gänge aufgefahren. Das Menü mit der Vorspeise *(hors d'œuvre)*, dem Hauptgang *(plat de résistance)* mit Fleisch *(viande)*, Fisch *(poisson)* oder Geflügel *(volaille)* sowie dem Dessert ist auch heute noch wichtig. Aber in den normalen Restaurants an der Küste wird niemand mehr schief angesehen, der wegen der Sommerhitze nur einen großen Teller Salat essen möchte oder sich auf das meist günstige Tagesgericht *(plat du jour)* beschränkt.

Abends, zum *dîner* oder zum *souper* (selten vor 20 Uhr), entfaltet die Küche der Côte d'Azur ihre ganze Pracht. Zwei Stunden sollte man mindestens für das Abendessen reservieren, um ein Menü vom *amuse-gueule* (Appetithäppchen) bis zur *zeste de citron* (der Zitronenschale auf dem Dessertteller) durchzukosten.

Selbst in Spitzenrestaurants gehört zum Gedeck der Gratiskorb mit Weißbrot ebenso wie die Karaffe mit Wasser. An der Côte d'Azur ist es wie in vielen romanischen Ländern üblich, dass für einen Tisch eine gemeinsame Rechnung ausgestellt wird.

Viele Restaurants haben inzwischen einen Keller mit einheimischen Weinen angelegt. Die Tropfen von Bellet im Norden von Nizza, mit

Wunderschön dinieren lässt es sich nicht nur an der Promenade des Anglais in Nizza

rund 700 ha eines der kleinsten Anbaugebiete, haben schon seit 1941 die kontrollierte Herkunftsbezeichnung AOC *(Appellation d'Origine Contrôlée)*. Winzer wie die Familie Charnac auf Château de Bellet erzeugen ihre Rotweine mit den alten Rebsorten Folle Noire oder Braquet.

EIN PARADIES FÜR GENIESSER

Luxusgeschäfte am Meer
und bodenständiges Handwerk im Hinterland

> Die Côte d'Azur ist ein Einkaufsparadies. Der Hauch von Luxus, der seit über einem Jahrhundert durch die Städte und Dörfer am Meer weht, ist in der ganzen Welt bekannt: Kein Wunder also, dass in den Boutiquen an der Küste wohl alle internationalen Nobelmarken vertreten sind. Aber die Côte d'Azur besitzt auch ihre ureigenen Spezialitäten, die sich wie etwa das eigene Parfum aus Grasse wunderbar als Reisemitbringsel eignen.

FAYENCE

Klassisch schön, ohne Schnickschnack produzieren die rund 20 Fayence-Werkstätten in Moustiers-Ste-Marie *(www.ville-moustiers-sainte-marie.fr)* am Ausgang der Verdon-Schlucht ihre Teller und Tassen. Das alte Handwerk erlebt eine Renaissance, weil es zum guten Ton gehört, provenzalische Speisen auf provenzalischem Geschirr zu servieren.

FLIESEN UND KERAMIK

Die Keramiker von Salernes sind gefragt, wenn es um Fliesen oder Dekoration für Bad und Küche geht, ihre *tomettes*, die roten Fliesen, sind in ganz Frankreich ein Markenzeichen. Eineinhalb Dutzend Keramik-Werkstätten zeigen alle Facetten dieses Handwerks – klassisch, modern, verspielt oder avantgardistisch. Informationen über die Ateliers gibt es unter *www.ville-salernes.fr*.

GLAS

Biot ist das südfranzösische Zentrum der Glaskunst. In dem Dorf sind acht Künstlerwerkstätten angesiedelt, die inzwischen Weltruf genießen. Zu den größten und ältesten gehört *La Verrerie de Biot* (chemin des Combes | *www.verrerie-biot.com*), außergewöhnliche Gläser und Objekte schafft der Italiener *Raphaël Farinelli (La Verrerie Farinelli, route de la Mer | www.farinelli.fr)*.

SÜSSIGKEITEN

Im Land, wo die Zitronen und Orangen blühen, gibt es Rohstoffe für die besten Süßigkeiten im Überfluss. Ein Muss sind die hausgemachten Konfitüren des *Mai-*

> EINKAUFEN

son *Herbin* in Menton *(2, rue du Vieux Collège | www.confitures-herbin.com)*, ebenso wie die kandierten Früchte des *Maison Auer* in Nizza *(7, rue St-François de Paule | www.maison-auer.com)* und die Veilchenblüten im Zuckermantel der *Confiserie Florian* in Tourrettes-sur-Loup *(www.confiserieflorian.com)* oder in der Filiale von Nizza *(quai Papacino)*.

▓ TÖPFERWAREN ▓

Pablo Picasso hat in Vallauris' Töpfereien wie der *Galerie Madoura (av. des Anciens Combattants d'Afrique du Nord | www.madoura.com)* gearbeitet und damit dem Kunsthandwerk in der Kleinstadt Weltruf verschafft. Eine der ältesten und größten Galerien ist Sassi-Milici *(www.sassi-milici.com)* mit Arbeiten französischer Spitzenkeramiker. Infos unter *www.vallauris-golfe-juan.com*

▓ WEIN ▓

Mindestens 2700 Sonnenstunden im Jahr, dazu ausreichend Regen und Wind: Die Côte d'Azur und ihr Hinterland sind wie geschaffen für trockene und gehaltvolle Weine. Die Winzer kultivieren selbst beim schnell verwertbaren Rosé ihre Unterschiede. Das Ergebnis lässt sich in jedem Glas schmecken. Wem die Reise von Weingut zu Weingut zu umständlich ist, wird in Gemeinschaftskellern gut bedient. Das *Maison des Vins* in Les Arcs *(RN 7, www.vinsdeprovence. com)* z. B. verkauft über 600 verschiedene Flaschen aus dem kontrollierten Herkunftsgebiet *Côtes de Provence* ohne Aufschlag. Dazu gibt es eine kompetente Beratung auch in deutscher Sprache, die nicht nur auf die großen Namen, sondern auch auf kleine Weingüter aufmerksam macht. Eine Rarität sind die Weine im Hinterland von Nizza, die unter der Qualitätsbezeichnung *Vins de Bellet (www.vinsdebellet.com)* auf gerade mal 50 h angebaut werden. Immer mehr auf biologischen Anbau verlegen sich die Winzer im Untergebiet *Côteaux Varois* rund um Brignoles, die im *Maison des Vins* neben der Abbaye de La Celle *(Tel. 04 94 69 33 18)* angeboten werden.

![Luxusautos vor dem Hôtel de Paris in Monaco]

> OASE FÜR MILLIONÄRE

Der Zwergstaat der Grimaldi-Fürsten hat sich zu einem
Wirtschaftsriesen entwickelt

 **KARTE IN DER HINTEREN
UMSCHLAGKLAPPE**

**> [123 D6] Sündhaft teure Wohnungen,
das einzige Formel-1-Rennen der Welt, bei
dem die Piloten mitten durch die Stadt
brettern, luxuriöse Spielkasinos, Spitzenrestaurants und eine atemraubende Architektur: Das ist Monaco.**

Mit seinen 32 000 Einwohnern – davon nur 6000 Einheimische – auf
knapp 2 km² ist das Fürstentum nach
dem Vatikan der kleinste souveräne
Staat der Erde. Er gibt eigene Briefmarken heraus, hat eine eigene Polizei, aber es gibt keine Grenzposten
zum französischen Umland.

Am Anfang gab es nur den Felsen,
den „Rocher", der heute den Stadtteil
Monaco bildet. Als Mönch verkleidet
eroberte François Grimaldi am 8. Januar 1297 die Burg über dem Meer.
Die Fürstenfamilie hat – abgesehen
von kurzen Zeitspannen – seitdem
das Zepter nicht mehr aus der Hand

Bild: Luxusautos vor dem Hôtel de Paris in Monaco

MONACO UND UMGEBUNG

gegeben. Charles II schafft 1869 die direkte Besteuerung der Bewohner ab und lässt das erste Spielkasino im neuen Stadtteil Monte-Carlo bauen. Sein Sohn Albert I gründet 1906 das Ozeanografische Institut, Thronfolger Louis II richtet 1929 den ersten Grand Prix von Monaco aus. Rainier III regierte von 1949 bis zu seinem Tod 2005. Seit seiner Heirat 1956 mit der Schauspielerin Grace Patricia Kelly, die 1982 bei einem Autounfall

ums Leben kam, war er Dauergast in der Regenbogenpresse, ebenso wie seine Kinder Caroline, Stéphanie und Albert, der im Frühjahr 2005 seine Nachfolge antrat.

Fürst Rainier III hat den Zwergstaat zu einem Wirtschaftsriesen gemacht, Pharma- und Kosmetikindustrie, aber auch der Tourismus spielen eine wichtige Rolle. In den zum Teil dem Meer abgewonnenen Stadtteilen Fontvieille (im Westen), La Conda-

Das Musée Océanographique zeigt Meerestiere – tot, aber auch lebendig

mine (am Hafen) und Larvotto (im Osten) sind viele der über 30000 monegassischen Arbeitsplätze entstanden. Steuerfreiheit und niedrige Kriminalitätsrate machen Monaco zur sicheren Oase für Millionäre. Und der Staat wächst weiter, hinein in den Fels und hinaus aufs Meer. Der Bahnhof mit 13-stöckigem Parkhaus ist völlig unter der Erde im Berg verschwunden. Eine seit 2003 am Rocher verankerte, 350 m lange schwimmende Mole mit Parkhaus, Trockendock und Läden lockt Kreuzfahrtschiffe an.

Besucher können Monaco leicht zu Fuß erobern: Dutzende von öffentlichen Aufzügen *(ascenseurs)* überwinden die Höhenunterschiede in den Stadtteilen.

■ SEHENSWERTES ■

ALTSTADT
Lohnend ist ein Spaziergang durch die winkeligen Gassen der Altstadt mit der dem monegassischen Bildhauer gewidmeten *Placette Bosio,* der rot gepflasterten *Rampe Major* mit den Stadttoren aus dem 16. Jh. und

den Gärten *St-Martin,* wo ein Bronzedenkmal an Albert I erinnert. Sehenswert sind zudem in der *Kathedrale* auf dem Stadtfelsen die Kunst von Louis Bréa und die *Fürstengräber,* in denen Grace Kelly und Rainier III ihre letzte Ruhe gefunden haben.

COLLECTION DES VOITURES ANCIENNES
Die Grimaldi-Fürsten sind Autoliebhaber, seit es Autos gibt. Auf fünf Ebenen präsentiert Albert II im Automobilmuseum rund 100 Karossen wie den Siegerwagen des ersten Formel-1-Rennens 1929, einen Bugatti, oder das Geschenk monegassischer Geschäftsleute zur Hochzeit seines Vaters mit Grace Kelly, einen Rolls-Royce Silver Cloud. *Tgl. 10–18 Uhr | Terrasses de Fontvieille | 6 Euro*

GRAND CASINO ⭐
Charles Garnier, Architekt der Pariser Oper, baute im Auftrag der Grimaldi-Fürsten 1878 das Kasino im Stadtteil Monte-Carlo. Die Spielsäle mit hohen, bunten Glasfenstern und schweren Bronzeleuchtern sowie der

Opernsaal *(Salle Garnier)* sind nur für Erwachsene geöffnet und kosten 10 Euro Eintritt *(www.casinomonte carlo.com)*. Sehenswert sind die *Gärten* mit dem großen Springbrunnen und die ☀ *Terrassenanlagen* am Meer, die einen wunderschönen Blick auf das von Op-Art-Künstler Victor Vasarely gestaltete Dach des Kongresszentrums und den Hafen bieten.

JARDIN EXOTIQUE ★ ☀

Hoch über dem Meer gedeihen an der Felswand im Tropengarten im Stadtteil Moneghetti exotische Kakteen. Der Garten mit den Aussichtsplattformen wurde 1933 eingeweiht. Inzwischen gehören als weitere Attraktionen die 60 m tief im Fels liegende *Grotte de l'Observatoire*, in der der Versteinerungen zu sehen sind, und das *Musée d'Anthropologie Préhistorique* mit einer Sammlung von Münzen, Schmuckstücken und Knochenfunden dazu. *Mitte Mai–Mitte Sept. tgl. 9–19, Ende Sept.–Anfang Nov. und Ende Dez.–Anfang Mai tgl. 9–18 Uhr bzw. bis Einbruch der Dunkelheit | bd. du Jardin Exotique | 6,90 Euro | www.jardinexotique.mc*

MUSÉE OCÉANOGRAPHIQUE ★

Albert I war nicht nur Fürst, sondern auch passionierter Meeresforscher. Die Früchte seiner wissenschaftlichen Arbeiten werden seit 1910 in dem eindrucksvollen Institutsgebäude 85 m hoch über dem Meer präsentiert. Taucher Jacques-Yves Cousteau hat in seiner über 30-jährigen Amtszeit (bis 1988) als Direktor dem Ozeanografischen Museum zu Weltruhm verholfen. In rund 100 Aquarien leben über 4000 Meerestier- und 200 Fischarten. Die ältesten Tiere, darunter riesige Schildkröten, erhalten ihr Gnadenbrot in einem eigenen Becken. ☀ Genießen Sie eine ==Pause== **Insider Tipp** ==in der Caféteria== auf der Dachterrasse mit herrlichem Blick aufs Meer. *Juli/Aug. tgl. 9.30–19.30 Uhr, April–Juni, Sept. 9.30–19 Uhr | av. St-Martin | 11 Euro | www.oceano.mc*

MUSÉE DES TIMBRES ET DES MONNAIES

Eine Quelle für den Reichtum des Zwergstaates: Monaco gibt eigene Briefmarken und Münzen heraus. Im Münzen- und Briefmarkenmuseum ist die Sammlung der Fürstenfamilie zu sehen, die mit Multimediaeinrich-

MARCO POLO HIGHLIGHTS

★ **Grand Casino**
Prunkbau für Glücksritter in Monte-Carlo (Seite 32)

★ **Jardin Exotique**
Ein Paradies für seltene Kakteen in Monaco (Seite 33)

★ **Musée Océanographique**
Spannend präsentierte Meereswissenschaft (Seite 33)

★ **Grande Corniche**
Die Panoramastraße an der Côte d'Azur (Seite 36)

★ **Trophée des Alpes**
Das römische Siegesdenkmal (Seite 37)

★ **St-Michel-Archange**
Barockes Ensemble in Menton (Seite 36)

tungen ergänzt wurde. *Juli–Sept. tgl. 10–18, sonst bis 17 Uhr | Terrasses de Fontvieille | 3 Euro*

PALAIS DU PRINCE

Der Fürstenpalast in Monaco-Ville wurde im 13. Jh. als genuesische Festung erbaut und wirkt wie das Bühnenbild einer Operette. Jeden

GERHARD'S CAFÉ

Für den Hunger zwischendurch: Der Österreicher Gerhard Kilian hat im Hafen von Fontvieille eine Snackbar ganz im Stil seiner Heimat eingerichtet. *So-Abend geschl. | 42, quai Jean-Charles Rey | Port de Fontvieille | Tel. 92 05 25 79 | €–€€*

Weniger mondän als die kleinen Jetset-Clubs, dafür aber mit Luft zum Atmen: Stars 'n' Bars

Tag um 11.55 Uhr findet die Wachablösung vor dem Haupteingang statt. Die *Grands Appartements* mit der italienischen Galerie, dem Thronsaal im Empire-Stil, der Kapelle aus dem 17. Jh. sowie der z.T. für Konzerte genutzte Ehrenhof mit seiner Doppeltreppe aus Carrara-Marmor sind nur im Sommer zu besichtigen *(Juni–Sept. tgl. 9.30–18, Okt. 10–17 Uhr | 7 Euro | www.palais.mc).*

LE LOUIS XV

Hier schlägt das Herz eines Imperiums der Spitzenlokale: Koch-Unternehmer Alain Ducasse und sein Küchenchef Franck Cerutti leiten im Hôtel de Paris, das konsequent im Stil der Belle Epoque gehalten ist, eines der besten Restaurants, sogar gemessen an ganz Frankreich. *Tgl. | pl. du Casino | Tel. 98 06 88 64 | www. alain-ducasse.com | €€€*

LA POLPETTA

Seit Jahren eine sichere Bank in Monte-Carlo mit italienischen Spezialitäten. *Di und Sa-Mittag geschl.* | *6, av. de Roqueville* | *Tel. 93 50 67 84* | €€

■ EINKAUFEN

Monaco bietet alles, was das Herz begehrt: von Luxusartikeln und Mode in Monte-Carlo *(bd. des Moulins, av. des Spélugues* oder *av. des Beaux-Arts)* bis zu Alltagsdingen (z.B. im *Centre Commercial de Fontvieille).*

■ ÜBERNACHTEN

Monaco ist ein sehr teures Pflaster. Rund 1700 der insgesamt 2200 Zimmer gehören zur Luxuskategorie in den Palästen rund um das Kasino von Monte-Carlo.

HÔTEL DE FRANCE

Im Stadtteil La Condamine, nahe dem Bahnhof in einer ruhigen kleinen Gasse gelegen. *26 Zi.* | *6, rue de la Turbie* | *Tel. 93 30 24 64* | *Fax 92 16 13 34* | *www.monte-carlo.mc/ France* | €€

■ AM ABEND

Die Prominenz trifft sich in den kleinen, aber feinen Clubs. Treffpunkte der Schickeria sind seit Jahren *Sass Café (11, av. Princesse Grace)* oder das winzig kleine *Le Jimmy'z (26, av. Princesse Grace* | *tgl. ab 23 Uhr* | *Tel. 92 16 22 77* | *Reservierung notwendig* | *Eintritt nur in Abendgarderobe).* Weniger mondän und größer ist ►► *Stars 'n' Bars (6, quai Antoine I* | *tgl. 11–0 Uhr, Dancing bis 4 Uhr* | *www.starsnbars.com)* mit Snackbar,

Billard, verrücktem Dekor, Internetcafé und Konzerten. Eine Attraktion für Normalsterbliche ist das ==Sommerkino== *(cinéma d'été)* unter freiem Himmel auf den *Terrasses du Parking des Pêcheurs* auf dem Stadtfelsen mit einer Leinwand, die zu den größten Europas zählt. *Ende Juni–*

Insider Tipp

>LOW BUDGET

> Im Viertel Fontvieille ist ein kostenloser Kunst-Weg zwischen Skulpturen von Künstlern wie César Baldaccini und Fernando Botero ausgeschildert. Der Pfad führt durch den Rosengarten, der zu Ehren von Fürstin Gracia angelegt wurde.

> Wer sein Geld im Kasino loswerden will, darf im *Café de Paris (place du Casino)* oder im *Sporting (av. Princesse Grace)* am Strand von Larvotto zunächst umsonst an die Automaten.

> Teehaus, Brücken und Wasserfälle im *japanischen Garten (jardin japonais)* sorgen für Zen-Atmosphäre in Monaco. *Eintritt frei* | *av. Princesse Grace*

> In der Herberge *Thalassa* (90 Plätze in Schlafsälen | 2, av. Gramaglia | Cap d'Ail | Tel. 04 93 78 18 58 | *www. clajsud.fr*) vor Monacos Toren kostet die Nacht mit Frühstück und Betttuch pro Person 16 Euro, mit Vollpension 30 Euro.

> Bruno Cirino, Chef des Gourmetlokals *Hostellerie Jérôme* in La Turbie, eröffnete auf dem Dorfplatz neben dem Brunnen ein schlichtes Bistrot, in dem es täglich einfache kleine Köstlichkeiten zum günstigen Preis gibt. *Café de la Fontaine* | 4, av. Général de Gaulle | La Turbie | Tel. 04 93 28 52 79

Mitte Sept. jeden Abend | Programm-
info Tel. 93 25 86 80

■ AUSKUNFT

2A, bd. des Moulins | Tel. 92 16 61
66 | Fax 92 16 60 00 | *www.visitmo
naco.com*

■ ZIELE IN DER UMGEBUNG

**GRANDE
CORNICHE** ★ ☼ [122–123 C–E 5–6]
Sie ist und bleibt eine der schönsten
Panoramastraßen der Welt. Napoléon
ließ die Grande Corniche zum Teil
auf den Spuren der römischen Via Ju-
lia Augusta in die Berge zwischen
Menton und Nizza schlagen. Rund
500 m hoch über dem Meer eröffnen
sich auf der Strecke grandiose Ausblicke auf Dörfer, Denkmäler, Felsen
und das Wasser. Die D 2564, die
auch Cary Grant und Grace Kelly für
den Hitchcock-Film „Über den Dä-
chern von Nizza" abfuhren, führt von
Menton aus über die alte Festung von
Roquebrune zum römischen Siegesdenkmal von La Turbie und von Eze
hoch über der Halbinsel von St-Jean-
Cap-Ferrat und Villefranche hinunter
nach Nizza. Vorsicht: Die Straße ist
im Sommer stark befahren, ebenso
wie ihre zwei Schwestern, die *Moy-
enne Corniche,* vor dem Bau der
Autobahn die Hauptverkehrsstrecke
zwischen Côte d'Azur und Riviera,
und die *Corniche Inférieure,* die im
18. Jh. direkt an der Küste angelegt
wurde.

MENTON [123 E5]
Italien lässt grüßen. Kein Wunder,
denn die Grenze zum Nachbarland
liegt am Ortsausgang des französischen Städtchens (28 800 Ew., 10 km

östlich von Monaco). Menton weist
im Winter die angenehmsten Temperaturen an der gesamten Küste auf.
Der Kirchplatz von ★ St-Michel-
Archange gilt als eines der schönsten
Barockensembles der Region. Bezeichnend ist das Wappen der Gri-
maldis im Kieselsteinpflaster.

Über die Einkaufsstraße *Rue St-
Michel* geht es durch die hübsche
Altstadt zur *Place aux Herbes* mit
Straßencafés und der überdachten
Markthalle. Eine Adresse für Feinschmecker ist die *Maison Herbin* mit
ihren hausgemachten Konfitüren und
eingemachten Gemüsesorten *(Be-
sichtigung der Fabrik: Mi 10.30 Uhr
| 2, rue du Vieux Collège).*

Jean Cocteau hat den *Hochzeits-
saal* des Rathauses 1958 mit Wand-
malereien ausgestaltet *(Hôtel de Ville
| Salle de Mariage | Mo–Fr 9–12.30,
14–17 Uhr | 1,50 Euro).* Dem Künst-
ler ist ein *Museum* in einem Gebäude
aus dem 17. Jh. am alten Hafen ge-
widmet *(Musée Jean Cocteau | Bas-
tion du Vieux Port | Mi–Mo 10–12,
14–18 Uhr | 3 Euro).* Bekannt ist
Menton auch für seine *Gärten* mit
exotischen tropischen Pflanzen wie
den *Jardin Botanique de Val Rahmeh
(av. St-Jacques | Mai–Sept. Mi–Mo
10–12.30, 15–18, Okt.–April 10–
12.30, 14–17 Uhr | 4 Euro).*

Nur ein paar Schritte vom Meer
entfernt liegt das ⌇ *Hôtel Aiglon
(29 Zi. | 7, av. de la Madone | Tel.
04 93 57 55 55 | Fax 04 93 35 92 39
| www.aiglon-hotel.net | €€€).* Die
Belle-Epoque-Villa mit Palmengar-
ten und Schwimmbad liegt allerdings
an einer viel befahrenen Straße. Aus-
kunft: *8, av. Boyer | Tel. 04 92 41 76
76 | www.menton.fr*

ROQUEBRUNE-CAP-MARTIN [123 D5]

Der Architekt Charles Eduard Jeanneret, als Le Corbusier weltbekannt, hat lange in der Doppelgemeinde (11 700 Ew., 8 km östlich) nahe der französisch-italienischen Grenze gelebt und ist auf dem Friedhof von Roquebrune beerdigt. Am Strand zeugt sein *cabanon* (Wochenendhäuschen) von seinem künstlerischen Schaffen. Aus dem Mittelalter ist der *Wehrturm* *(donjon)*. ☀ Von der 26 m hohen *Aussichtsplattform* hat man eine tolle Sicht auf das Dorf, Cap-Martin und Monaco *(Château | Juli/Aug. tgl. 10–12.30, 15–19.30, April–Juni und Sept. 10–12.30, 14–18, sonst bis 17 Uhr | 3,50 Euro).* 4000 Jahre alt soll der *Olivenbaum (olivier millénaire)* mit seinem 10 m umfassenden Stamm sein, der 200 m hinter dem Ortsausgang steht. Auskunft: *214, av. Aristide Briand | Tel. 04 93 35 62 87 | www.roquebrune-cap-martin.com*

Insider Tipp

TROPHÉE DES ALPES ⭐ ☀ [123 D6]

Mit dem Bau des Denkmals 480 m über dem Meer feierte der römische Kaiser Augustus die Unterwerfung von 44 Volksstämmen in den Alpen. Sonnenkönig Louis XIV versuchte, das 50 m hohe und 38 m lange Gebäude aus weißem Stein zu sprengen. Der Amerikaner Edward Tuck schließlich ließ das Denkmal zwischen 1929 und 1933 renovieren und bis auf 35 m Höhe wieder aufbauen. Die ganze Geschichte der parkähnlich angelegten Festung mit Aussichtsterrasse im heute 3000 Ew. zählenden Dorf *La Turbie* (5 km nordwestlich) wird im *Museum* erzählt *(Juli–Sept. tgl. 9–19, Okt.–März Di–So 9.30–17, April–Juni Di–So 9–18 Uhr | 5 Euro).*

Wie viele Dörfer hinter der Küste ist Roquebrune steil an den Fels gebaut

> EIN FEST DER FARBEN AN DER ENGELSBUCHT

Nizza ist die unbestrittene Hauptstadt der Côte d'Azur

> **Nach dem Zweiten Weltkrieg hat sich Nizza zur unangefochtenen Metropole der Côte d'Azur entwickelt. Sanft geschwungener, 10 km langer Strand, die Promenade des Anglais mit den Palästen der Belle Epoque, eine Altstadt mit bunten Häusern und Kunstschätzen des Barock, Museen und Bibliotheken sowie ein Hauch von Italien machen nach wie vor ihre große Anziehungskraft aus.**

Trotz der Nähe zu Nizza haben sich Orte wie St-Jean-Cap-Ferrat oder Villefranche-sur-Mer einen eigenen, außerhalb der Hochsaison sogar gemütlichen und stillen Charakter bewahrt. Und ein paar Kilometer im Norden kann man in die stille Welt der Berge eintauchen. Wie Schwalbennester kleben hier kurz hinter der Küste kleine Dörfer auf den Hügeln. Die Franzosen haben für sie den treffenden Ausdruck: villages perchés, also „Dörfer wie auf der Vogelstange". Dicht an dicht und ver-

NIZZA UND UMGEBUNG

schachtelt stehen die Häuser aneinander. Enge und teilweise überwölbte Gassen prägen noch heute die Ortsbilder.

NIZZA

KARTE IN DER HINTEREN UMSCHLAGKLAPPE

[127 E–F2] Nizza (Nice), mit rund 350 000 Einwohnern Hauptstadt des Départements Alpes-Maritimes, ist eine Stadt, in der die über 2400 Jahre alte Geschichte tiefe Spuren hinterlassen hat. Gegründet wurde das antike Nikaia im 4. Jh. v. Chr. von den Griechen; in Cemenelum, dem heutigen Stadtteil Cimiez, siedelten die Römer ab 150 v. Chr. eine Kolonie an. Ab dem 14. Jh. gehörte Nizza zu Savoyen, es schloss sich erst 1860 per Volksentscheid Frankreich an.

Spuren dieser langen Geschichte sind viele zu finden, doch Nizza hat sich immer weiterentwickelt. Fast alle Verrücktheiten der Moderne haben ihren Niederschlag in der Stadt zwischen Meer und Seealpen gefunden. Die Engländer finanzierten den

wird. Und Nizza setzt weiter auf die Zukunft: Das Kongresszentrum *Acropolis*, das Museum für Zeitgenössische Kunst und seit 2003 die *Bibliothek Louis Nucéra,* der Sacha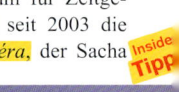

![Alle Strandpromenaden der Welt haben ein Vorbild: Nizzas Promenade des Anglais]

Alle Strandpromenaden der Welt haben ein Vorbild: Nizzas Promenade des Anglais

Bau der von Palmen gesäumten ★ *Promenade des Anglais,* die zum Vorbild für alle Strandboulevards dieser Welt wurde. Die adligen Russen erkoren Nizza zum Winterdomizil – die 1912 von der Zarenfamilie eingeweihte Kathedrale *St-Nicolas* ist heute noch das größte Bauwerk der russisch-orthodoxen Kirche außerhalb des Heimatlandes. Paradebeispiel für die Paläste der Belle Epoque ist seit 1913 das *Negresco* mit seiner roten Kuppel, dessen Ruf als eines der weltweit besten Hotels von kaum jemandem angefochten

Sosno einen monumentalen eckigen Betonkopf spendiert hat, thronen als Zeugen moderner Architektur auf dem fast komplett überbauten Flussbett des Paillon.

SEHENSWERTES

Am 1. und 3. Sonntag des Monats sind Museumsbesuche in Nizza gratis.

ALTSTADT
Die Gassen und Plätze umgeben von Häusern in kräftigen Farben von Ockergelb bis Rostrot verleihen der inzwischen weitgehend restaurierten

Altstadt ihren unwiderstehlichen Charme. Märkte, Restaurants und Geschäfte sorgen für Betrieb.

Das eindrucksvollste Bauwerk ist aber gar nicht so einfach zu finden: Das *Palais Lascaris* *(Mi–Mo 10–18 Uhr | 15, rue Droite | Eintritt frei)* aus der Mitte des 17. Jhs. wurde im Stil eines Genueser Palastes mit einer außergewöhnlichen Fassade und einer monumentalen Treppe in eine enge Gasse gebaut. Weitere Meisterwerke des Barock sind die Kathedrale *Ste-Réparate* an der Place Rosetti, die *Chapelle de la Miséricorde* am Cours Saleya und die Kirche *St-Jacques* – oder *Gesù* – in der Rue Droite.

Drei Plätze geben der Altstadt ihren architektonischen Rhythmus: im Norden die von Arkaden gesäumte *Place Garibaldi* mit dem Denkmal des Freiheitshelden, die *Place St-François* mit ehemaligem Stadthaus und Fischmarkt sowie der *Cours Saleya* mit seinem farbenprächtigen Blumenmarkt im Süden.

BUTTE DU CHÂTEAU

Von der 1706 zerstörten Trutzburg und der Kathedrale des Mittelalters sind nur noch die Fundamente übrig. Heute ist der Schlosshügel eine Parkanlage mit Wasserfällen und herrlichem Blick auf die Altstadt im Westen, den Hafen im Osten und das Meer im Süden.

CIMIEZ

Die Keimzelle des römischen Nizza auf einer Hochfläche vor dem Mont Gros ist heute eine Villengegend. Zu entdecken sind die Ruinen der Thermen und vor allem das *Amphitheater,*

MARCO POLO HIGHLIGHTS

★ **Cap Ferrat**
Die Halbinsel der
Monarchen und Millionäre
(Seite 46)

★ **Promenade des Anglais**
Palmen und Paläste
direkt am Meer
(Seite 40)

★ **Musée National Message Biblique Marc Chagall**
Das Vermächtnis des
Meisters in Nizza (Seite 43)

★ **Märkte**
Ein buntes Fest für alle
Sinne in Nizzas Altstadt
(Seite 43)

★ **Musée National Fernand Léger**
Riesenkeramik und
starke Bilder in Biot
(Seite 46)

★ **Chapelle du Rosaire**
Von Matisse gestaltete
Kapelle in Vence
(Seite 50)

★ **Eze**
Ein Paradebeispiel für
ein village perché
(Seite 47)

★ **Fondation Maeght**
Unvergleichliches Privatmuseum
in St-Paul-de-Vence
(Seite 51)

das im Sommer zur Bühne für das Jazzfestival wird. Sehenswert sind neben einigen Museen das Franziskanerkloster *Monastère Notre-Dame-de-Cimiez* mit der Kirche *Notre-Dame-de-l'Assomption (Mo–Sa 10–12, 15–18 Uhr | pl. du Monastère | Eintritt frei),* in der drei Altartafeln von Louis Bréa zu sehen sind.

MUSEÉ D'ART MODERNE ET D'ART CONTEMPORAIN

Das 1990 eingeweihte Gebäude der Architekten Yves Bayard und Henri Vidal über dem Fluss Paillon am Tor zur Altstadt Nizzas ist mit seinen vier Marmortürmen der ideale Ausstellungsraum für die französische und amerikanische Avantgarde seit 1960. Glanzstücke sind die Säle mit Arbeiten des in Nizza geborenen **Yves Klein** (1928–62), darunter ei-

Insider Tipp

nige seiner berühmten „blauen Bilder", oder die Sammlung, die Niki de St-Phalle 2001 dem Museum vermacht hat. Vertreten sind neben dem Lokalmatador Benjamin Vautier (Ben) außerdem US-Künstler wie Andy Warhol, Rob Rauschenberg und Tom Wesselmann. Oben von der ☀ Dachterrasse aus bietet sich ein herrlicher Blick auf Stadt und Meer. *Di–So 10–18 Uhr | promenade des Arts | 4 Euro*

MUSÉE DES BEAUX-ARTS

Italienische und französische Malerei des 17. bis 20. Jhs. sind in einem Palais im Universitätsviertel Les Baumettes zu sehen. Darunter befinden sich Hauptwerke von Hubert Robert, Kees van Dongen, Raoul Dufy und Auguste Rodin. *Di–So 10–18 Uhr | 33, av. des Baumettes | 4 Euro*

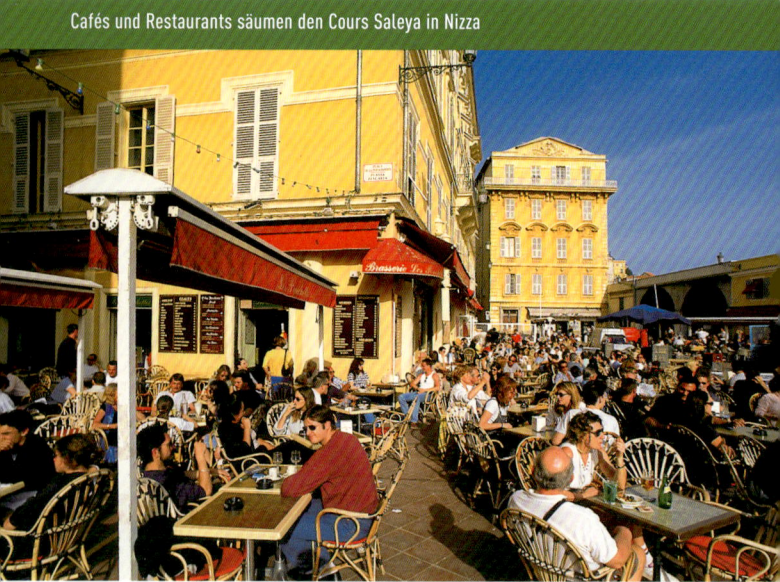

Cafés und Restaurants säumen den Cours Saleya in Nizza

MUSÉE DÉPARTEMENTAL DES ARTS ASIATIQUES

Das jüngste Museum der Stadt wurde von dem japanischen Architekten Kenzo Tange 1998 mutig und elegant in den Parc Phoenix im Geschäftszentrum Les Arénas hineingebaut. Klassische und zeitgenössische Kunst aus Asien. *Mi–Mo 10–17, im Sommer bis 18 Uhr | 406, promenade des Anglais | 5,35 Euro*

MUSÉE MATISSE

Henri Matisse (1869–1954) lebte von 1917 bis zu seinem Tod in Nizza. In einer Genueser Villa aus dem 17. Jh. in einem Olivenhain von Cimiez wird die eigene Sammlung des Malers als repräsentativer Überblick über das Gesamtwerk gezeigt. *Mi–Mo 10–18 Uhr | 164, av. des Arènes de Cimiez | 4 Euro*

MUSÉE NATIONAL MESSAGE BIBLIQUE MARC CHAGALL ⭐

Der Maler Marc Chagall (1887–1985) selbst hat die größte zusammenhängende Sammlung seiner Werke gestiftet, für die in Cimiez ein eigenes Museum gebaut wurde. Den Schwerpunkt bilden biblische Botschaften mit Gemälden, Skulpturen, Tapisserien und das Mosaik des Propheten Elias an der Außenwand des Gebäudes. *Mi–Mo 10–17, Juli/Aug. 10–18 Uhr | Av. Dr. Ménard | 6,50 Euro | www.musee-chagall.fr*

▮ ESSEN & TRINKEN ▮▮▮▮▮
LE GRAND CAFÉ DE TURIN

Seit zwei Jahrhunderten die Institution für frische Meeresfrüchte in Nizza – Austern schlürfen zu jeder Tageszeit. *Tgl. | 5, pl. Garibaldi | Tel.*

04 93 85 30 87 | www.cafedeturin. com | €–€€

LA MERENDA

Winziges Restaurant, also kein Platz für ein vertrauliches Tête-à-Tête. Dominique Le Stanc kocht lokale Spezialitäten, alles frisch vom Markt. *Sa/So geschl. | 4, rue de la Terrasse | kein Telefon | persönlich reservieren | €–€€*

LA TABLE ALZIARI

Als Speisekarte dient die Schiefertafel. Die Familie Alziari kocht in einer Altstadtgasse köstliche Gerichte der Region. *So/Mo geschl. | 4, rue François Zanin | Tel. 04 93 80 34 03 | €€*

▮ EINKAUFEN ▮▮▮▮▮▮▮▮▮▮

Für Mode sind die Straßen rund um die Rue de la Liberté die erste Adresse. Eine Institution für den Kauf von Olivenöl ist *Nicolas Alziari* **Insider Tipp** *(14, rue St-François de Paule).* Das Spezialitätengeschäft für kandierte Früchte, *Maison Auer (7, rue St-François de Paule),* bietet auch Schokolade und Pralinen an. Stöbern kann man auf dem kleinen Antiquitätenmarkt, *Les Puces de Nice (Di–Sa 10–18 Uhr),* am Hafen.

Um seine ⭐ *Märkte* in der Altstadt wird Nizza im ganzen Land beneidet. Eine Institution ist der *Fischmarkt (Di–So 6–13 Uhr)* auf der Place St-François, wo Selbstversorger ein ungeheuer großes Angebot erwartet. Nur ein paar Schritte weiter auf dem *Cours Saleya,* wo der *Marché aux Fleurs (Di–Sa 6–17.30, So 6–12 Uhr)* zu Hause ist, gibt es Blumen im Überfluss, dazu kommt noch der keineswegs minder farben-

NIZZA

Ein – leider sündhaft teures – Unikat: das legendäre Belle-Epoque-Hotel Negresco

frohe *Lebensmittelmarkt (Di–So 7–13 Uhr)*.

■ ÜBERNACHTEN ■

AUBERGE DE JEUNESSE

Die günstigste Übernachtungsmöglichkeiten in Nizza für junge Leute (Jugendherbergsausweis obligatorisch). Die Herberge liegt etwa 4 km vom Zentrum entfernt im Osten des Hafens im Park des Mont-Boron. ☼ Von der *Festung* auf dem Hügel (30 Min. zu Fuß) bietet sich auch eine sehr schöne Aussicht auf die Bucht von Villefranche. *8 Zi. mit 56 Plätzen | rte. Forestière du Mont-Alban | Tel. 04 93 89 23 64 | www. fuaj.org |* Reservierung unter *www.hi hostels.com | €*

NEGRESCO 🔊

Das Nonplusultra in punkto Hotel, seit fast 50 Jahren von derselben Familie geleitet. Ausgesuchter Luxus im Stil der Belle Epoque und seit 2003 mit Fassaden, Glaskuppel und Baccaratlüster offiziell als historisches Baudenkmal eingestuft. Angeschlossen sind das Spitzenrestaurant *Le Chanteclerc (€€€)* und die Bar *Le Relais (tgl. 11.30–1 Uhr)* mit der Dekoration aus dem Jahr 1913. *142 Zi. | 37, promenade des Anglais | Tel. 04 93 16 64 00 | Fax 04 93 88 35 68 | www.hotel-negresco-nice.com | €€€*

PETIT LOUVRE

Einfaches, aber charmantes und preisgünstiges Haus mit kleinen Zimmern für junge Leute. Herzlicher Empfang. *35 Zi. | 10, rue Emma Trency | Tel. 04 93 80 15 54 | Fax 04 93 62 45 08 | petitlouvre@aol.com | geschl. Nov.–Jan. | €*

WINDSOR

Mitten in der Stadt, aber mit Garten und nah am Meer. Ein Teil der 62 Zimmer wurde von Künstlern wie Lawrence Weiner, Ben oder Raymond Hains dekoriert. *11, rue Dalpazzo | Tel. 04 93 88 59 35 | Fax 04 93 88 94 57 | www.hotelwindsornice. com | €€€*

■ AM ABEND ■

Nizza ist eine Großstadt mit Universität. Dementsprechendes Angebot an Kinos, Diskos, Theatern, aber auch Spielkasinos. Treffpunkte sind die Altstadt rund um den *Cours Saleya* mit Livebands im ▶▶ *Pub Wayne's (15, rue de la Préfecture | www.waynes.fr)*, in der ▶▶ Bar des

Oiseaux (5, rue St-Vincent) und der Hafen mit der Disko ▶▶ *Iguane Café (5, quai des Deux Emmanuel).*

■ AUSKUNFT

Umfangreiches Informationsmaterial auch in deutscher Sprache, entweder am Bahnhof *(av. Thiers)* oder im Zentrum *(5, promenade des Anglais | Tel. 08 92 70 74 07 | Fax 04 92 14 48 03 | www.nicetourisme.com)*

■ ZIELE IN DER UMGEBUNG

BEAULIEU-SUR-MER   **[127 F2]**

Mit Palmen und Palästen ein typisches Seebad (3700 Ew., 8 km östlich) der Belle Epoque. Schon Baumeister Gustave Eiffel und Gordon Bennett, Chef des New York Herald Tribune, residierten hier. Mit 1000 Plätzen ist Beaulieu-sur-Mer heute ein wichtiger Yachthafen. An der Südspitze der Ameisenbucht *(Baie des Fourmis)* hat sich der Archäologe Theodor Reinach Anfang des 20. Jhs. seinen Traum verwirklicht und mit edlen Materialien die Kopie einer Villa des klassischen Griechenland gebaut: die *Villa Kérylos (Feb.–Juni und Sept.–Okt. tgl. 10–18, Juli/Aug. 10–19, Nov.–Feb. Mo–Fr 14–18, Sa/So 10–18 Uhr | 8 Euro | www.villa-kerylos.com).*

BIOT   **[127 D3]**

Die Kunst der Töpferei in Biot (7500 Ew., 20 km westlich) reicht bis in die

> BÜCHER & FILME

Spione, Spitzenköche und schöne Frauen

> **Der Ducasse** – Das Kochbuch mit den besten Rezepten vom Meister der französischen Küche, Alain Ducasse, bereitet gut auf eine kulinarische Reise vor.

> **Des fruits et des fleurs** – Ein Augenschmaus ist der Band, den Journalist Jacques Gantié für die Confiserie *Florian* in Pont-du-Loup mit 25 Rezepten von 25 Spitzenköchen der Côte d'Azur geschrieben hat.

> **Das Leuchten von Ste-Marguerite** – Ein spannender Roman voller Lokalkolorit, den Autor Peter Haff auf der Insel vor Cannes spielen lässt.

> **Femme Fatale** – Die Festspiele von Cannes stehen im Mittelpunkt des Films, den Brian de Palma 2002 u.a. mit Antonio Banderas sowie Sandrine Bonnaire in ihrer eigenen Rolle an der Croisette drehte.

> **Und ewig lockt das Weib** – Roger Vadims Film mit Brigitte Bardot, Curd Jürgens und Jean-Louis Trintignant schreibt 1956 Geschichte und macht St-Tropez zum Zentrum des Jetsets.

> **James Bond** – Der elegante Geheimagent im Dienste Ihrer Majestät macht gern mal Station an der Côte – z. B. Sean Connery als 007 in „Sag' niemals nie"(1983) oder Kollege Pierce Brosnan 1995 in „GoldenEye".

> **Über den Dächern von Nizza** – Eze, Monaco, Cagnes-sur-Mer, die Grande Corniche und eben Nizza: In Alfred Hitchcocks Klassiker von 1955 ist die Côte d'Azur der Star – neben Grace Kelly und Cary Grant.

> **Mr Bean macht Ferien** – Um Stars in Cannes geht es auch in der Komödie mit Rowan Atkinson, Willem Dafoe und Jean Rochefort (2007).

Antike zurück. Seit 50 Jahren ist das Dorf mit seinem schönen Ortskern zudem auf Glasbläserei und Schmuck spezialisiert. Wie die Kunsthandwerker arbeiten, ist in der Glasbläserei zu sehen *(Verrerie de Biot | chemin des Combes | Sommer Mo–Sa 9.30–20, So 10–13, 15–19, Winter Mo–Sa 9.30–18, So 10.30–13, 14.30–18.30 Uhr | www.verreriebiot. com).*

Seit 1960 ist der Ort untrennbar mit dem Namen Fernand Léger (1881–1955) verbunden. Das ★ *Musée National Fernand Léger* beherbergt die 348 Werke, die von der Witwe des Künstlers dem französischen Staat gestiftet wurden. 500 m^2 groß ist das Mosaik an der Hauptfassade, das einst im Stadion von Hannover eine Huldigung an den Sport sein sollte *(Mi–Mo 10–12.30, 14–17.30, Juli/Aug. tgl. 10.30–18 Uhr | im Südosten des Dorfes | 4,50 Euro | www.musee-fernandle ger.fr).*

In den Kellergewölben des *Hotel-Café des Arcades* hat das Wirtspaar Mimi und André Brothier seit über **Insider Tipp** 40 Jahren Kunstschätze (Fernand Léger, Victor Vasarely etc.) zusammengetragen. Das Restaurant bietet etwas zu teure provenzalische Küche, dafür sind aber die Zimmer wunderschön dekoriert *(pl. des Arcades | Tel. 04 93 65 01 04 | Fax 04 93 65 01 04 | Restaurant €€ | Hotel mit 12 Zi., €– €€).* Auskunft: *46, rue St-Sébastien | Tel. 04 93 65 78 00 | Fax 04 93 65 78 04 | www.biot.fr*

CAGNES-SUR-MER [127 D–E3]

Das ehemalige Fischerdorf *Cros-de-Cagnes* mit der Pferderennbahn hat sich noch ein bisschen Charme bewahrt, Cagnes selbst allerdings scheint im Autoverkehr zu ersticken: Die Stadt (44 000 Ew., 15 km westlich) ist ein negatives Beispiel für die Auswirkungen der Zersiedelung der Küste. Reizvoll dagegen ist heute noch die Altstadt *Haut-de-Cagnes* mit dem *Schloss* der Grimaldi-Fürsten, die bis zur Französischen Revolution die Geschicke des Ortes bestimmt haben. Schlendert man in den Gassen und unter den Arkaden im Schatten des mittelalterlichen Schlosses mit einem bezaubernden Renaissance-Innenhof *(Château-* **Insider Tipp** *Musée* mit Kunstsammlung und Olivenbaummuseum | Sommer Mi–Mo 10–12, 14–18, im Winter bis 17 Uhr | 3 Euro) wird deutlich, warum zahlreiche Maler diesen Ort auf den vielen Hügeln als Domizil erwählt haben. Pierre-Auguste Renoir (1841–1919) hat sich mitten im Olivenhain *Les Collettes* eingerichtet. Sein Haus mit schönem Garten und der Bronzeskulptur Venus Victrix ist heute Gedenkstätte und Museum *(Musée Renoir | Sommer Mi–Mo 10–12, 14–18, im Winter bis 17 Uhr | 3 Euro).* Auskunft: 🔊 *Office du Tourisme | 6, bd. Maréchal Juin | Cagnes | Tel. 04 93 20 61 64 | Fax 04 93 20 52 63 | www.cagnes-tourisme. com*

CAP FERRAT ★ [127 F2]

Die 3,5 km lange Halbinsel der Millionäre um das alte Fischerdorf *St-Jean-Cap-Ferrat* (1900 Ew., 6 km östlich) mit ihren prächtigen Villen, üppigen Parks, kleinen Stränden und dem ☀ *Leuchtturm* mit Traumblick, lässt sich am besten zu Fuß erobern. Die 11 km des Küstenwanderweges *(sentier littoral)* geben immer wieder Blicke frei auf Immobilien, die einst Prominenten wie Belgienkönig Leopold II, Gregory Peck oder Somerset Maugham gehörten. Die schönste Anlage ist für Besucher geöffnet:

Preisen wie *La Bastide (14 Zi. | 3, av. Albert I | Tel. 04 93 76 06 78 | Fax 04 93 76 19 10 | im Sommer nur mit Halbpension | provenzalische Küche | €).* Auskunft: *59, av. Séméria | Tel. 04 93 76 08 90 | Fax 04 93 76 16 67*

1910 ließ Baronin Béatrice Ephrussi de Rothschild mitten auf der Halbinsel die *Villa* im italienischen Stil bauen, die heute zusammen mit dem 7 ha großen Park zum *Musée Ile-de-France* mit mehr als 5000 Kunstwerken geworden ist *(Villa Ephrussi de Rothschild | Feb.–Okt. tgl. 10–18, Juli/Aug. bis 19 Uhr, Nov.–Jan. 14–18 Uhr | www.villa-ephrussi.com | 9,50 Euro).*

Auf dem Cap Ferrat gibt es noch Unterkünfte zu erschwinglichen

EZE ⭐ 🌿   [127 F2]

Die ägyptische Gottheit Isis soll dem Dorf, das sich an den Felsen 427 m steil über dem Meer schmiegt, seinen Namen gegeben haben. Eze, knapp 10 km im Osten von Nizza, ist mit seinen rund 3100 Einwohnern das Paradebeispiel für ein *village perché*. Für den Segen des Tourismus hat Eze den traditionellen Nelken- und Mandarinenanbau fast aufgegeben. Friedrich Nietzsche erkor das sorgfältig restaurierte Dorf mit den steilen Gas-

In die Felsen gebaut: das Dorf Eze mit phantastischer Aussicht

sen zu seinem Feriendomizil. Wer den Fußweg (2 Std. hin und zurück) auf den Spuren des Philosophen vom Badeort *Eze-Bord-de-Mer* hinauf zum Berg folgen will, braucht eine gute Kondition.

Eine Attraktion in Eze ist der *Jardin Exotique (im Sommer 9–20, sonst 9–17.30 Uhr | 5 Euro)* mit seinen Kakteen rund um die Ruine der *Burg* aus dem 14. Jh., die Sonnenkönig Ludwig XIV. Anfang des 18. Jhs. schleifen ließ. Von der Terrasse aus eine traumhafte Aussicht auf die Riviera. ❄ Ganz oben auf dem Felsen bietet das luxuriöse Hotelrestaurant *Château Eza (9 Zi. | rue de la Pise | Tel. 04 93 41 12 24 | Fax 04 93 41 16 64 | www.slh.com/eza | €€€)* einen wundervollen Ausblick. Auskunft: *pl. de Gaulle | Tel. 04 93 41 26 00 | Fax 04 93 41 04 80 | www.eze-riviera. com*

Insider Tipp

LUCÉRAM [123 D4]

Im 15. Jh. eine florierende Etappe auf der Salzstraße, hat Lucéram (1000 Ew.), 25 km nördlich von Nizza im Paillon-Tal, Spuren seiner

reichen Geschichte bewahrt. Kostbar ist der Kirchenschatz in der *Eglise Ste-Marguerite* mit Altarbildern von Giovanni Canavesio und Louis Bréa, die zu den schönsten Beispielen der Schule von Nizza im Barock gehören. Das Dorf feiert am 24. Dez. die Hirtenweihnacht mit einer Prozession zur Kirche. Außerdem präsentiert man zusammen mit dem Weiler Piera-Cava (14 km im Norden) von Dezember bis Januar mehr als 200 private Weihnachtskrippen *(circuit des crèches)* in den engen Gassen. Auskunft: *pl. Adrien Barrals | Tel. 04 93 79 46 50 | www.luceram.com*

Insider Tipp

PEILLON [127 F1]

Wie ein Adlernest hockt das Dorf, das sich ohne einen einzigen architektonischen „Schandfleck" seinen mittelalterlichen Charakter bewahrt hat, auf einem Felsen etwas abseits vom Paillon-Tal, ca. 15 km im Nordosten von Nizza. Es gibt praktisch keine Straßen, nur Treppen und Wege, zum Teil unter Gewölben hindurch. Großartige Fresken von Giovanni Canavesio aus dem 15. Jh. sehen Sie in der *Chapelle des Pénitents Blancs*. Einen Abstecher wert ist der Nachbarort *Peille* (2000 Ew.).

VILLEFRANCHE-SUR-MER   [127 F2]

Hübsche Altstadt am Meer unterhalb der Zitadelle, die der Herzog von Savoyen im 16. Jh. bauen ließ. Die Festung ist heute ein *Museum* mit Skulpturen von Antoniucci Volti sowie Bildern und der kostbaren Sammlung des Künstlerpaares Christine Boumeester (1904–1971) und Henri Goetz (1909–1989) (*Okt.–Mai Mi–Mo 9–12, 14–17.30, Juni/Sept. 9–12, 15–18, Juli/Aug. 10–12, 14.30–19 Uhr | Eintritt frei*).

Jean Cocteau hat 1957 die *Petrus-Kapelle* ausgemalt (*Chapelle St-Pierre | Di–So 9.30–12 und 14–18, Hochsommer Di–So 10–12 und 16–20.30 Uhr | 2 Euro*). Auskunft: *Jardin F. Binon | Tel. 04 93 01 73 68 | Fax 04 93 76 63 65 | www.villefranche-sur-mer.com*

VENCE

[127 D2] Die ersten Christen erkoren die 10 km vom Meer am Fuß der bis zu 1000 m hohen Berge gelegene römische Stadt Vintium im 4. Jh. zu ihrem Domizil. 1909 entdeckte Raoul Dufy die Bischofsstadt für die Malerei, Henri Matisse, Marc Chagall und Jean Dubuffet folgten seinen Spuren. Vence (18 000 Ew.) mit seinen Galerien und Märkten, vielen Restaurants und seiner kleinen, aber sehr schönen Altstadt ist ein das ganze Jahr über lebendiges Touristenzentrum zwischen Meer und Hinterland. Allerdings ist das früher von Weinbergen, Obstbäumen und Blumenbeeten gekennzeichnete

Umland durch unkontrolliertes Bauen heute völlig zersiedelt.

■ SEHENSWERTES

ALTSTADT

Die Altstadt auf einem Felsplateau mit der noch teilweise erhaltenen elliptischen Stadtmauer hat ihren

Auch schön: Blick auf Villefranche-sur-Mer

mittelalterlichen Charakter bewahrt. Gleich drei Brunnen besitzt die *Place du Peyra*, das ehemalige römische Forum. Das frühere *Schloss* der Herren von Vence an der Place du Frêne mit einer fast 500 Jahre alten Esche ist heute ein *Museum (Château de Villeneuve | Fondation Emile Hugues*

| Di–So 10–12.30, 14–18, Juli/Aug. 10–18 Uhr | 5 Euro) mit Ausstellungen großer Maler der Moderne.

Marc Chagall hat der Kathedrale *St-Véran* mit ihrem Kirchenschiff aus dem 11. Jh., dem Chorgestühl aus dem 15. Jh. sowie der Fassade aus dem 19. Jh. ein sehenswertes

>LOW BUDGET

> Mit Schwimmbad und Sportplatz im Villenviertel Cimiez: Das Jugendhostel *Clairvallon* in Nizza (150 Plätze | 26, av. Scudéri | Tel. 04 93 81 27 63 | *www.clajsud.fr*) macht die Côte erschwinglich. Der Schlafplatz kostet 16 Euro, mit Vollpension 30 Euro; dafür ist Hilfe beim Geschirrspülen gefragt.

> Ein Stück *socca*, in Olivenöl gebackener Fladen aus Kichererbsenmehl, eine *pissaladière*, Zwiebelkuchen mit Sardellenfilets, oder ein einfaches *pan bagnat* mit Salat, Oliven und Ei helfen gegen den kleinen Hunger und kosten nicht mal 5 Euro. Gute Adressen in Nizzas Altstadt: *René Socca* | 2, rue Miralhéti/Ecke rue Pairolière oder *Nissa Socca* | 5, rue Ste-Réparate

> Nizzas *Promenade des Anglais* ist auch ▶▶ Flanierstrecke für Inlineskater. In der *Roller Station (49, quai des Etats-Unis)* kostet das Paar 5 Euro am Tag. Jeden 2. und 4. Freitag im Monat ab 21 Uhr Roller-Meeting vor dem Hotel Beau Rivage *(www.nice-roller-attitude.com)*

> Im *Café de la Place* in St-Paul-de-Vence *(place Général de Gaulle | Tel. 04 93 32 80 03)* gibt's täglich ein Mittagsmahl ab 9,50 Euro. Der Blick auf den Boule-Platz ist umsonst.

Mosaik für das Baptisterium vermacht. Es stellt die Rettung Moses' aus dem Nil dar.

CHAPELLE DU ROSAIRE ⭐

Henri Matisse entwarf einst die Rosenkranzkapelle der Dominikanerinnen etwas außerhalb von Vence an der Straße zu dem eindrucksvollen Berg *(Baou)* von St-Jeannet und stattete sie auch aus. Nach eigener Aussage vollbrachte der Maler damit in Vence sein unbestrittenes Meisterwerk. *Tgl. 14–17.30, Di und Do auch 10–11.30 Uhr | av. Henri Matisse | 3 Euro*

▮ ESSEN & TRINKEN ▮▮▮▮▮
AUBERGE DES SEIGNEURS

Die traditionsreiche Gasthof aus dem 17. Jh. liegt am Schloss in der Altstadt. Die 6 Zimmer (€€) der Herberge tragen jeweils die Namen berühmter Maler. *Tgl. | pl. du Frêne | Tel. 04 93 58 04 24 | €€€*

LE PÊCHEUR DU SOLEIL

Gleich hinter der Kathedrale in der Altstadt geht es um Pizza in allen Variationen; inzwischen soll es tausend verschiedene Rezepte geben. Sonst Salate oder Steak, ebenfalls zu günstigen Preisen, im Sommer auf der Terrasse. *Tgl. | place Godeau | Tel. 04 93 58 32 56 | www.pecheurs dusoleil.com | €*

▮ EINKAUFEN ▮▮▮▮▮▮▮

Vence ist ein Zentrum für Kunsthandwerk mit exquisiten Galerien, aber auch sehr schönen Märkten *(Di–So jeden Morgen auf der Place du Grand-Jardin und der kleinen Place Surian).*

■ ÜBERNACHTEN ■

LA LUBIANE

Ein einfacher Gasthof mit blumenge-schmückter Terrasse am Ufer der Lubiane rund 400 m vom Stadtzentrum entfernt. Preisgünstiges Restaurant (€). *14 Zi. | 10, av. Joffre | Tel. 04 93 58 01 10 | Fax 04 93 58 84 44 | www.lubiane.fr | €*

VILLA ROSERAIE ❀

Geschmackvoll eingerichtete Jugendstilvilla mit Schwimmbad, Terrasse und Garten 400 m vom Zentrum. *14 Zi. | av. Henri Giraud | Tel. 04 93 58 02 20 | Fax 04 93 58 99 31 | geschl. Mitte Nov.–Mitte Feb. | www.villaroseraie.com | €€ – €€€*

■ AUSKUNFT ■

Pl. du Grand-Jardin | Tel. 04 93 58 06 38 | Fax 04 93 58 91 81 | www.vence.fr

■ ZIEL IN DER UMGEBUNG ■

ST-PAUL-DE-VENCE   **[127 D2]**

Erst um 1920 entdeckten Künstler das kleine Nest mit seinen hübschen Gassen und einer bestens erhaltenen und noch begehbaren Stadtmauer aus dem 16. Jh. Heute gilt der Ort (2900 Ew.) als eine der exklusivsten Adressen der Côte d'Azur. Mit dazu beigetragen hat das legendäre Restaurant *La Colombe d'Or (tgl. | pl. des Ormeaux | Tel. 04 93 32 80 02 | Fax 04 93 32 77 78 | www.la-co lombe-dor.com | €€€ | auch 26 Zi. mit Park und Schwimmbad, €€€).* Ihm haben große Meister der Moderne, u. a. Pablo Picasso und Georges Braque, eine kostbare Kunstsammlung vermacht. Auskunft: *2, rue Grande | Tel. 04 93 32*

86 95 | Fax 04 93 32 60 27 | www. saint-pauldevence.com

Eine Attraktion für Hunderttausende Kunstliebhaber ist eines der schönsten Privatmuseen der Welt, die ★*Fondation Maeght* (sprich: Maag)

Verbindung von Natur und Kunst: im Garten der Fondation Maeght

etwas außerhalb des Dorfes. Der katalonische Architekt Josep Lluis Sert entwarf für das Sammlerehepaar Aimé und Marguerite Maeght mit Künstlern wie Joan Miró, Georges Braque, Alberto Giacometti und Marc Chagall den Bau aus hellem Beton und rotem Backstein. Er fügt sich harmonisch in die mediterrane Landschaft ein. Im Freigelände werden große Skulpturen ausgestellt. Riesige Sammlung der Moderne und jedes Jahr sehenswerte Wechselausstellungen *(tgl. 10–12.30 und 14.30–18, im Hochsommer 10–19 Uhr | 11 Euro | www.fondation-maeght.com).*

Insider Tipp

> HEIMAT DER GOLDENEN PALMEN

Cannes und Antibes sind klassische Strandbäder,
Grasse sorgt für schönen Duft

> **Seinen Aufstieg hat Cannes einem Zu-
fall zu verdanken. Weil 1834 ein britischer
Lord an der (damals noch existierenden)
Grenze zu Nizza abgewiesen wurde, wählte
er sein Winterdomizil in der Bucht an der
Croisette, und viele folgten ihm.**

Seine Statue überblickt heute das Gebäude, in dem einmal im Jahr die
Goldene Palme bei den internationalen Filmfestspielen vergeben wird.
Cannes und Antibes bilden zusammen
eines der wichtigsten Strandbäder der

Côte d'Azur mit noblen Geschäften,
Hotelpalästen der Belle Epoque und
unzähligen Sonnenhungrigen am
Strand. Im stillen Hinterland sorgt
Grasse mit herrlichen Düften dafür,
dass das Publikum sich wohl fühlt.

ANTIBES

[127 D4] Die Festungsanlagen machen es
deutlich: Antibes (73 000 Ew.), einst von
den Griechen als Antipolis (Gegenstadt) zu

Bild: Strand an der Croisette, der Promenade von Cannes

CANNES UND UMGEBUNG

Nizza gegründet, war ein Grenzposten, bis die Metropole an der Engelsbucht 1860 zurück zu Frankreich kam. Die Stadt, zu der die Halbinsel Cap d'Antibes mit ihren Badeorten gehört, ist mit ihren Märkten und Museen das ganze Jahr über quicklebendig.

■ SEHENSWERTES ■

ALTSTADT

Noch ist ein Teil der Festungsmauern *(remparts)* erhalten, die das alte Antibes *(Vieil Antibes)* vor Übergriffen aus Nizza schützten. Die *Porte Marine* war über Jahrhunderte hinweg der einzige Zugang zum Hafen. Nur ein paar Schritte weiter, an der Place du Révèly, sind die *Chapelle du St-Esprit,* die *Kathedrale* und vor allem das alte *Grimaldi-Schloss,* heute Picasso-Museum, Zeugen der Vergangenheit. Eine Attraktion ist der *überdachte Marktplatz* auf dem **Insider Tipp** Cours Massena. Die kleine *Rue du*

ANTIBES

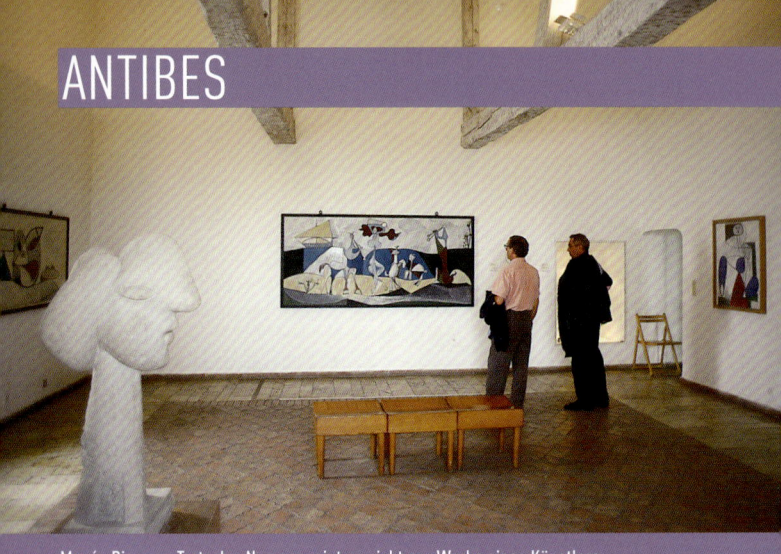

Bas-Castelet mit den blumengeschmückten Häuschen führt durch den *Safranier,* den Freistaat in der Stadt, der seit 1966 seinen eigenen Bürgermeister hat. Vom Festungsturm Bastion St-André gelangen Sie zurück zum kleinen, windgeschützten Strand La Gravette am alten Hafen.

CAP D'ANTIBES ⭐

Luxusvillen mit prächtigen Gärten stehen neben unscheinbaren Ferienhäuschen. Der *Pilgerweg (Chemin du Calvaire)* führt zur *Chapelle de la Garoupe (tgl. 9.30–12, 14.30–19 Uhr, im Winter bis 17 Uhr | kein Eintritt)* mit ihren Votivtafeln von Seeleuten. Daneben steht der ❋ *Leuchtturm,* dessen Aussichtsplattform ein einzigartiges Panorama bietet. Mitten auf der Halbinsel versteckt sich der 4 ha große Garten *Jardin Thuret,* heute französisches Botanikforschungszentrum *(Mo–Fr 8–18, im Winter 8.30–17.30 Uhr | kein Eintritt),* in dem Gustave Thuret 1857 die ersten Palmen und Eukalyptusbäume

an der Côte d'Azur ansiedelte. Außen herum führt ein Küstenwanderweg bis zur *Villa Eilenroc* an der Südspitze. Die Halbinsel hat trotz Immobilienspekulationen einen eigenständigen Charakter und viel Charme bewahrt.

MUSÉE PICASSO ⭐

Das ehemalige Grimaldi-Schloss war eine der vielen Stationen von Pablo Picasso in Südfrankreich. 1946 bezog der Maler dort ein Atelier und vermachte 200 Gemälde, Lithografien, Zeichnungen und Keramiken dem Museum. Bestechend ist der Saal, der dem Schaffen von Nicolas de Staël gewidmet ist. Werke von Alexander Calder, Fernand Léger, Amadeo Modigliani, Max Ernst oder Hans Hartung machen das Museum zu einer bedeutenden Kunstadresse an der Côte d'Azur. Auf der Terrasse Skulpturen von Germaine Richier, Arman sowie Anne und Patrick Poirier. Das Museumsgebäude wird aufwändig renoviert und soll im Sommer 2008 wieder öffnen. *Pl. Mariejol*

> *www.marcopolo.de/cotedazur*

| tgl. 10–12 und 14–18, im Hochsommer Di–So 10–18 Uhr | 4,60 Euro

ESSEN & TRINKEN

AUBERGE PROVENÇALE

Das Restaurant am großen Platz in der Altstadt ist eine gefragte Adresse für Meeresfrüchte und Fisch, serviert aber auch provenzalische Spezialitäten auf der Terrasse im Hinterhof; auch 6 Zimmer *(€€€). Tgl. | 61, place Nationale | Tel. 04 93 34 13 24 | www.aubergeprovencale.com | €€*

Insider Tipp

LE SAFRANIER

Provenzalische Spezialitäten wie die *petits farcis* oder Fischgerichte auf der Terrasse im Altstadtviertel Le Safranier. *Mo geschl. | 1, pl. du Safranier | Tel. 04 93 34 80 50 | €–€€*

ÜBERNACHTEN

LA BASTIDE DU BOSQUET

Gästezimmer in einer Villa aus dem 18. Jh., in der schon Guy de Maupassant seine Ferien verbrachte. Im Norden des Cap d'Antibes. *4 Zi. | 14, Chemin des Sables | Tel. 04 93 67 32 29 | Fax 04 93 67 32 29 | www.lebosquet06.com | €€*

LA JABOTTE 🔊

Nur 60 m vom Salis-Strand des Cap d'Antibes entfernt, ein kleines, hübsch dekoriertes Haus. *10 Zi. | 13, av. Max Maurey | Tel. 04 93 61 45 89 | www.jabotte.com | €€*

AM ABEND

Antibes und die Nachbarstadt Juan-les-Pins haben ein riesiges Angebot an Cafés und Bars, die im Hochsommer bis spät in die Nacht geöffnet haben. Einer der größten Vergnügungstempel an der Côte d'Azur ist ▶▶ *La Siesta (im Sommer tgl. 10–4 Uhr | rte. du Bord de Mer | Richtung Nizza)* mit Kasino, Restaurants, Bar und einem halben Dutzend Tanzflächen.

AUSKUNFT

11, pl. de Gaulle | Tel. 04 92 90 53 00 | Fax 04 92 90 53 01 | www.antibesjuanlespins.com

ZIEL IN DER UMGEBUNG

JUAN-LES-PINS   [127 D4]

Das Dorf im Sumpfgebiet am westlichen Ende des Cap d'Antibes wurde im 19. Jh. von Briten zum Seebad ausgebaut. Vor dem Zweiten

MARCO POLO HIGHLIGHTS

⭐ **Musée Picasso**
Gemälde, Skulpturen und Keramiken des Künstlers in Antibes (Seite 54)

⭐ **La Croisette**
Cannes' Antwort auf Nizzas Promenade des Anglais (Seite 56)

⭐ **Iles de Lérins**
Liköre und ein Meeresmuseum auf den Inseln vor Cannes (Seite 58)

⭐ **Cap d'Antibes**
Luxuspaläste und ein botanischer Garten auf der Halbinsel (Seite 54)

⭐ **Vallauris-Golfe-Juan**
Picassos „Mann mit Schaf" und viele Keramiken mehr (Seite 59)

⭐ **Grasse**
Schnuppern ohne Ende in der Welthauptstadt des Parfums (Seite 60)

Weltkrieg ein Tummelplatz für reiche Amerikaner, die den Jazz nach Europa brachten, ist Juan-les-Pins nach 1945 zum Zentrum des Swing geworden. Der legendäre Jazzmusiker Sydney Bechet gab den Takt vor, nach seinem Tod 1959 wurde das Jazzfestival *Pinède Gould* aus der Taufe gehoben. Die Stadt ist mittlerweile mit Antibes zusammengewachsen. Auskunft: *51, bd. Guillaumont | Tel. 04 92 90 53 05 | Fax 04 92 90 53 01 | www.antibesjuanlespins.com*

CANNES

 KARTE IN DER HINTEREN UMSCHLAGKLAPPE

[126–127 C–D4] Die Römer nannten den Ort Canoïs, also Schilfhafen. Das Fischerdorf in der Bucht mit Sandstränden wurde 1834 von Henry Brougham entdeckt. Der britische Lord wollte eigentlich mit seiner kranken Tochter Eleonore nach Nizza, verliebte sich aber in den stillen Flecken und kam bis zu seinem Tod 1868 jedes Jahr. Sein Beispiel machte Schule. Heute ist Cannes (68 000 Ew.) mit dem kleinen historischen Zentrum, dem Prachtboulevard La Croisette, den Hotelpalästen und vor allem den internationalen Festspielen neben Nizza das Aushängeschild der Côte d'Azur.

■ SEHENSWERTES ■

LA CROISETTE ⭐

Das Gegenstück zur Promenade des Anglais in Nizza und wie sie bestückt mit Palmen, Palästen, Luxusgeschäften und Sonnenschirmen am Sandstrand in einer weiten Bucht. Am westlichen Ende vor dem Hafen das *Festspielhaus (Palais des Festi-*

vals et des Congrès), ein 1983 eingeweihtes Betongebäude, in dem nicht nur im Mai die Filmfestspiele, sondern das ganze Jahr über Messen wie die Midem (für Musik) oder Miptv (für Fernsehen) organisiert werden. Gut 200 Filmstars haben ihre Handabdrücke in Betonplatten auf der

Für die Allée des Stars machen sich Promis gern die Hände schmutzig

Allée des Stars verewigt, der rote Teppich auf der Treppe zum „Bunker", wie die Einheimischen von Cannes das Gebäude respektlos nennen, ist das ganze Jahr über ausgelegt. Sehenswert sind die Fassaden der Hotelpaläste *Majestic, Carlton* und *Martinez.*

LE SUQUET

Das historische Zentrum von Cannes am Fuß des Mont Chevalier besteht aus nicht einmal zehn Straßen, die von der Rue St-Antoine hinauf zum *Kastell* führen. In diesem ist heute die archäologische Sammlung der Mönche von den Iles de Lérins untergebracht. *Musée de la Castre | Sept.– Mai Di–So 10–13, 14–18, sonst 10– 13, 15–19 Uhr | Wechselausstellungen im Sommer | 3 Euro*

▇ ESSEN & TRINKEN ▇

AUX BONS ENFANTS

Kleines Restaurant, das in der Fußgängerzone zwischen Croisette und Altstadt regionale Küche und köstliche Fischspezialitäten anbietet. *So geschl.* | *80, rue Meynadier* | *kein Telefon* | €

LA BROUETTE DE GRAND-MÈRE

In der „Schubkarre der Großmutter" gibt es weder die eine noch die andere, aber das Essen im Bistro von Christian Bruno schmeckt der ganzen Familie. *Tgl. nur abends* | *9 bis, rue d'Oran* | *Tel. 04 93 39 12 10* | €€

▇ EINKAUFEN ▇

Das Angebot in Cannes erfüllt die Ansprüche der exklusiven Kundschaft. In der *Rue d'Antibes* sind alle große Marken der Mode vertreten. Feinkostgeschäfte *(traiteurs)* wie die Käsehandlung *Céneri & Fils* in der *Rue Meynadier* in der Fußgängerzone machen Appetit. Auf den *Allées de la Liberté* am Hafen ist jeden Morgen Blumenmarkt, am Samstag werden dort die Stände für den Trödel- und Antiquitätenmarkt aufgebaut. Feinschmecker sind in der *Markthalle* des *Marché Forville (Di–So)* bestens aufgehoben.

▇ ÜBERNACHTEN ▇

ALBERT I

Kleines Haus mit Oleanderbüschen auf der Terrasse. Nur 10 Minuten Fußweg von der Croisette. Parkplatz gratis. *11 Zi.* | *68, av. de Grasse* | *Tel. 04 93 39 24 04* | *Fax 04 93 38 83 75* | | *www.albert1er.info* | €€

Die Vegetation der Croisette besteht hauptsächlich aus Palmen und Sonnenschirmen

MARTINEZ

Einer der glanzvollen Hotelpaläste in Cannes. Kein Wunder, dass selbst das Gourmetrestaurant den Namen *La Palme d'Or (€€€)* trägt. *412 Zi. | 73, bd. Croisette | Tel. 04 92 98 73 00 | Fax 04 93 39 67 82 | www.martinez-hotel.com | €€€*

■ AM ABEND ■

Neben den Spielkasinos im Hotel Carlton, im Festspielhaus und im Palm Beach auf der Pointe de la Croisette gibt es für junge Leute und den Jetset Diskos und Clubs aller Kategorien. Die Palette reicht vom ▶▶ *Jimmy's* im Festivalpalast *(in der Saison tgl. ab 22 Uhr)* bis zum (günstigeren) ▶▶ *Vogue (20, rue du Suquet | Di–So ab 22 Uhr).*

Zisterzienser-Kloster auf St-Honorat

■ AUSKUNFT ■

🔊 *Palais des Festivals | La Croisette | Tel. 04 92 99 84 22 | Fax 04 92 99 84 23 | www.cannes.com*

■ ZIELE IN DER UMGEBUNG ■

ILES DE LÉRINS ⭐ [127 D4–5]

Weil die Lage auf dem Festland zu unsicher war, gründete der hl. Honoratius 410 ein Kloster auf der Lerinischen Insel *St-Honorat* vor Cannes. Das Eiland blieb im 5. und 6. Jh. eine christliche Hochburg, wurde aber schließlich geplündert und zerstört. Seit 1869 leben wieder Zisterziensermönche auf der Insel, die tagsüber für Besucher geöffnet ist (nur ein Lokal, also eigenen Proviant und Trinkwasser mitnehmen). Berühmt sind die von den Mönchen produzierten exzellenten Weine und der Kräuterlikör *(lerina)*. Ein herrlicher Spaziergang (ca. 2 Std.) führt zum Wehrturm an der Südspitze. Überfahrt täglich vom Quai Leboeuf in Cannes. *Société Planaria | Tel. 04 92 98 71 38 | 11 Euro | www.abbayedelerins.com*

Größer als St-Honorat ist *Ste-Marguerite* mit einem *botanischen Lehrpfad (Circuit Botanique et Naturaliste)* und dem *Meeresmuseum* mit archäologischer Sammlung und Nautikobjekten *(Musée de la Mer | April–Sept. 10.30–13.15 und 14.15–17.45, Okt., Dez.–März 10.30–13.15 und 14.15–16.45 Uhr | 3 Euro).* Berühmt ist das *Fort Royal*, weil es im 17. Jh. den „Mann mit der eisernen Maske", dessen Identität nie geklärt wurde, als Gefangenen beherbergte. Auf der Insel gibt es einige (relativ teure) Restaurants, keine Übernachtungsmöglichkeit. Überfahrt (15 Min.) täglich vom Hafen in Cannes. *Trans*

Côte d'Azur | Tel. 04 92 98 71 30 | www.trans-cote-azur.com | 11 Euro

MANDELIEU-LA-NAPOULE [126 C4]

Im Westen von Cannes nimmt die *Corniche d'Or* ihren Anfang, die im Jahr 1903 angelegte Küstenstraße nach St.-Raphaël, auf ihr erreicht man nach etwa 6 km Napoule, das zu Mandelieu (18 000 Ew.) gehört. Napoule liegt am Fuß des Tanneron-Gebirges, in dem im Februar die Mimosen blühen.

Sehenswert im großen 🔊 Yachthafen (2000 Ankerplätze für Segelboote) ist das *Schloss* mit schönem Garten, das der amerikanische Bildhauer Henry Clews (1876–1937) im Mittelalterstil wieder aufbaute. In dem darin untergebrachten *Museum* sind im Sommer Wechselausstellungen amerikanischer Künstler zu sehen, die von der Clews-Stiftung ein Stipendium bekommen haben. *Château-Musée | Feb.–Juni Mi–Mo 14.30–17.30, Juli/Aug. bis 18.30 Uhr | Eintritt mit Führung 6 Euro | www. chateau-lanapoule.com.* Auskunft: *av. Henry Clews | Tel. 04 93 49 95 31 | Fax 04 92 97 99 57 | www.ot-mandelieu.fr*

MOUGINS [126 C3–4]

Wie aus dem Bilderbuch präsentiert sich die Altstadt mit schmucken Häuschen und lauschigen Plätzen. Mougins (20 000 Ew., 4 km nördlich) war einst größer als Cannes. Heute ist der Ferienort ein Mekka für Feinschmecker. Star der Gastroszene auf dem grünen Hügel ist Alain Llorca, der als Nachfolger des legendären Roger Vergé im Restaurant *Le Moulin de Mougins* die Sterne blinken

lässt *(Notre-Dame-de-Vie | 2,5 km im Südosten | Tel. 04 93 75 78 24 | Fax 04 93 90 18 55 | www.moulindemougins.com, €€€ | auch 7 Zi., €€€).* Der Sternekoch gibt wie seine Kollegen im 🔊 *Mas Candille* oder im *L'Amandier* auch Kurse *(56 Euro für 2 Std.).* Sehr schöne Gästezimmer gibt es im *Mas de Mougins (4 Zi. | 91, av. Général de Gaulle | Tel. 04 93 75 77 46 | www.lemasdemougins.com | €€€),* das üppige Frühstück wird am Pool serviert. Auskunft: *15, av. Ch.-Mallet | Tel. 04 93 75 87 67 | Fax 04 92 92 04 03 | www.mougins-coteazur.org*

5 km entfernt liegt direkt an der Autobahn A 8 das *Musée de l'Automobile, (Di–So 10–13 und 14–18 Uhr, Hochsommer tgl. 10–18 Uhr | 7 Euro | www.musauto.fr.st)* von Kunstsammler und Autoliebhaber Adrien Maeght.

Insider Tipp

VALLAURIS-GOLFE-JUAN ⭐ [127 D4]

Wie Kunst zum Wirtschaftsfaktor werden kann, das beweist Vallauris (zusammen mit Golfe-Juan 26 000 Ew.) in den sanften Hügeln 4 km östlich im Hinterland von Cannes. Pablo Picasso belebte nach 1946 mit seinen Keramikarbeiten das traditionelle, fast verschwundene Töpfergewerbe neu und schuf 1952 in einer unscheinbaren Kapelle mit „La Guerre et la Paix" (Krieg und Frieden) eines seiner Hauptwerke *(Musée National | Mi–Mo 10–12, 14–17, im Hochsommer bis 18 Uhr | www.musee-picasso-vallauris.fr | 3,25 Euro).* Picassos Beispiel hat Schule gemacht; seine Werke sind außerdem im *Keramikmuseum* zu sehen, das auch die Stiftung des Malers Alberto Magnelli (1888–1971) zeigt *(Musée Magnelli et Musée de la Céramique | im Schloss Vallauris | Mi–Mo 10–12 und 14–17, im Hochsommer bis 18 Uhr | 3,10 Euro).* Auskunft: *square 8 mai 1945 | Tel. 04 93 63 82 58 | Fax 04 93 63 95 01 | www.vallauris-golfe-juan.com*

GRASSE

[126 C3] ⭐ **Grasse (45 000 Ew.), das im Mittelalter ein Handelszentrum mit langer Gerbertradition war, ist geprägt von der Parfumindustrie.** Dass die sich hier so

>LOW BUDGET

> Im *Florian*, nur 100 m von der *Croisette* in Cannes entfernt, schläft man im Doppelzimmer ab 60 Euro in der Nebensaison. Im Hochsommer und zu Festivalzeiten etwas teurer. *20 Zi. | 8, rue Commandant André | Tel. 04 93 39 24 82 | Fax 04 92 99 18 30 | www.hotel-florian-cannes.com*

> Mehr als eine Filiale des Amandier-Restaurants im Feinschmeckermekka Mougins ist das *Le Rendez-vous de Mougins (place du Commandant Lamy | Tel. 04 93 75 87 47 | www.au rendezvous-mougins.com)*, das am zentralen Dorfplatz das *Menu d'Isabelle* für unter 20 Euro serviert.

> Seit das Photographie-Museum im alten Stadttor von Mougins (*Porte Sarrazine | Juli–Sept. tgl. 10–20, sonst Mi–Sa 10–12 und 14–18, So 14–18 Uhr*) keinen Eintritt mehr verlangt, schießen die Besucherzahlen nach oben. Es lohnt sich, die Bilder anzuschauen, die etwa David Douglas Duncan von Pablo Picasso geschossen hat.

gut entwickelte, lag auch am Gerberhandwerk: Weil die Lederhandschuhe nicht besonders gut rochen, parfümierte man sie. Schließlich besitzt die Gegend um Grasse ein für Blumen und Kräuter besonders günstiges Mikroklima. In den engen Gassen und unter den Arkaden der Altstadt mit zum Teil fünfgeschossigen Häusern ist der italienische Einfluss unverkennbar. Die Stadt war lange mit der Genueser Republik verbunden.

■ SEHENSWERTES ■

ALTSTADT

Ocker, Gelb, Rosa und Blau, das sind die dominierenden Farben der Häuser in Grasse. Der Spaziergang durch die Altstadt führt vom Kongresszentrum an der Place du Cours (große Tiefgarage) über die Rue Jean Ossola zur Kathedrale *Notre-Dame-du-Puy*. Das Gotteshaus, eine Mischung aus Mittelalter und Rokoko, beherbergt Gemälde von Peter Paul Rubens, ein Triptychon von Louis Bréa und das einzige Bild religiösen Inhalts von Jean-Honoré Fragonard.

Über den Bischofspalast geht es hinunter zu der schönen *Place aux Herbes* mit ihren bunten Häusern und hinüber zur *Place aux Aires*, einst für die Gerber reserviert, heute der Marktplatz von Grasse (tgl. Blumen- und Gemüsemarkt). Sehenswert ist dort die Fassade des *Hôtel Isnard* aus dem 18. Jh.

MUSÉE D'ART ET D'HISTOIRE DE PROVENCE

Prächtig ausgestattetes Völkerkundemuseum im eleganten Palais der Marquise de Clapiers-Cabris aus dem 18. Jh. *Juni–Sept. tgl. 10–19, sonst Mi–Mo 10–12.30, 14–17.30 Uhr | 2, rue Mirabeau | www.musees degrasse.com | 2 Euro*

MUSÉE INTERNATIONAL DE LA PARFUMERIE

Herstellungsgeschichte erlesener Düfte dokumentiert im alten Stadtpalais. *Das Haus wird erweitert und bleibt bis 2008 geschlossen. 8, pl. du Cours Honoré Cresp*

MUSÉE JEAN-HONORÉ FRAGONARD

Der berühmteste Sohn der Stadt (1732–1806), der am liebsten schöne Frauen malte, fand nach der Französischen Revolution im Landhaus des Parfumfabrikanten Maubert Unterschlupf. Von den vier Bildern für die Gräfin Du Barry, Mätresse von Ludwig XV., gibt es nur (allerdings sehr gute) Kopien. Die Trompe-l'Oeil-Malerei im Treppenhaus soll von Alexandre-Evariste, dem Sohn Jean-Honoré Fragonards, stammen. *Juni–Sept. tgl. 10–19, sonst Mi–Mo 10–12.30, 14–17.30 Uhr | 23, bd. Fragonard | www.museesdegrasse.com | 4 Euro*

PARFUMFABRIKEN

Ein halbes Dutzend Parfumhersteller öffnen ihre Pforten für Besucher. Die großen drei, *Fragonard (20, bd. Fragonard | Tel. 04 93 36 44 65 | www.fragonard.com), Galimard (75, rte. de Cannes | Tel. 04 93 09 20 00 | www.galimard.com)* und Molinard *(60, bd. Victor Hugo | Tel. 04 93 36*

Außen Mittelalter, innen Rokoko: die Kathedrale in der Altstadt von Grasse

01 62 | *www.molinard.com)* bieten Gratisführungen an, z.T. auch in deutscher Sprache *(Sommer 9–18.30, Winter 9–12.30 und 14–18 Uhr).* Profis brauchen zwei Jahre, um einen neuen Duft zu kreieren.

Im *Studio des Fragrances (5, rte. de Pégomas | Tel. 04 93 09 20 00)* von Galimard kann man in einem zweistündigen, hoch interessanten Workshop ein exklusives Parfum unter fachkundiger Anleitung (auch in deutscher Sprache) mischen und gleich mitnehmen (35 Euro). Die Zusammenstellung wird für eventuelle Nachbestellungen in der Hauskartei gespeichert.

ESSEN & TRINKEN

LA BASTIDE ST-ANTOINE

Jacques Chibois hat das Landgut im Süden von Grasse mit Blick aufs Meer seit 1996 zu einem Sterne-Gourmettempel ausgebaut. *Tgl. | 48, av. H. Dunant | Tel. 04 93 70 94 94 | Fax 04 93 70 94 95 | www.jacques-chibois.com, €€€ | auch 11 Zi., €€€*

LE GAZAN

France und Jacky Soler servieren in der Nähe der Kathedrale phantasievolle Gerichte aus regionalen Produkten. Empfehlenswert ist das *Menu des Parfums* mit Aperitif und duftendem Eis als Zwischengang. *Hochsommer So, Feb.–Mitte Dez. Fr-, Sa-Abend und So-Mittag geschl. | 3, rue de Gazan | Tel. 04 93 36 22 88 | €–€€*

EINKAUFEN

Kaufen Sie Parfum – außer den großen drei, *Fragonard, Galimard* und *Molinard,* sind *Guy Bouchara (14, rue M.-Journet)* und *Fleuron de* Grasse *(190, rte. de Pégomas)* empfehlenswert.

ÜBERNACHTEN

AUBERGE DU VIEUX CHÂTEAU

Hotel auf dem Panoramaplatz neben der Kirche im mittelalterlichen Dorf Cabris (500 Ew.) rund 5 km westlich von Grasse. Traumhafte Sicht auf das Meer und die Stadt. *4 Zi. | pl. Panorama | Tel. 04 93 60 50 12 | Fax 04 93 60 58 47 | http://aubergeduvieuxchateau.com | €€ | mit hervorragendem Restaurant | Mo, Di geschl. | €€)*

CLOS DES CYPRÉS

Die Gästezimmer in einem Bauernhaus aus dem 18. Jh. mit großem

Park im Süden der Stadt sind ein Beispiel für die *chambres d'hôtes. 5 Zi. | Maud Rico | 87, chemin des Canebiers | Tel. 04 93 40 44 23 | Fax 04 93 40 83 09 | www.closdescypres. com | €€*

LES PALMIERS
Kleine, für die Region sehr günstige Pension mit Gärtchen, das im Sommer nach Jasmin duftet. *11 Zi. | 17, av. Yves Beaudoin | Tel./Fax 04 93 36 07 24 | €*

■ AUSKUNFT ■
Das Verkehrsamt bietet einen kostenlosen Busshuttledienst in der Stadt an. *22, Cours Honoré Cresp | Tel. 04 93 36 66 66 | Fax 04 93 36 86 36 | www.grasse.fr*

■ ZIELE IN DER UMGEBUNG ■
GOURDON ✷   [126 C2]
Ganze 758 m hoch über dem Fluss Loup thront das alte Sarazenendorf (400 Ew., 15 km nordöstlich). Die Schlossfestung, die sich heute in Privatbesitz befindet, wurde im 13. und 17. Jh. erbaut *(Château de Gourdon | Juni bis Sept. tgl. 11–13 und 14–19 | Okt.–Mai Mi–Mo 14–18 Uhr | www.chateau-gourdon.com | 4 Euro).* Sehenswert sind auch die vom großen Gartenarchitekten André Le Nôtre angelegten *Terrassen (Führung im Sommer um 15 Uhr | 4 Euro).*

Schuften, damit andere duften: Zwei Jahre braucht ein Profi, um nur ein Parfum zu kreieren

> BLAUES MEER, ROTE FELSEN, GRÜNE BERGE

Die Küste bietet Trubel und Wasserfreuden, die Landschaften des Vorgebirges erholsame Ruhe

> Entlang des schmalen Küstenstreifens von Toulon bis St-Raphaël liegen Dutzende Badeorte wie an einer Perlenschnur aufgereiht. Bis ans blaue Meer reichen die Vorgebirgsketten, das Massif des Maures mit Kastanien-, Eichen- und Kiefernwäldern und das Massif de l'Esterel mit leuchtend roten Felsen.

Die westliche Küste der Côte d'Azur hat ihren Aufschwung dem Massentourismus zu verdanken. Mit allen Sonnen- und Schattenseiten: einer sehr guten Infrastruktur an Hotels und Restaurants, aber auch Verkehrsstaus im Sommer und einer Zersiedelung der Landschaft, die längst nicht mehr auf die Küste beschränkt ist.

FRÉJUS/ ST-RAPHAËL

[126 A–B 5–6] Die beiden Römerstädte zwischen den Gebirgsketten von Esterel

Bild: Cap Camarat südlich von St-Tropez

DIE WESTLICHE KÜSTE

und Maures an der Mündung des Argens-Flusses sind heute zusammengewachsen und haben mit knapp 80 000 Einwohnern die Größe von etablierten Seebädern wie Cannes erreicht. St-Raphaël stand immer im Schatten von Fréjus (48 000 Ew.), zu Römerzeiten ein wichtiger Hafen und im Mittelalter ein blühender Bischofssitz. Seit dem Zweiten Weltkrieg setzen beide Städte mit einer breiten Palette an Freizeitaktivitäten auf den Tourismus. Vor allem im Sommer verlagert sich das Leben von den historischen Zentren an die architektonisch allerdings nicht sehr schönen Strandpromenaden.

■ SEHENSWERTES ■

ARÈNES

Die Ruinen der alten Römerstadt liegen übers ganze Stadtgebiet verteilt. Besonders gut erhalten ist das Amphitheater, das im Sommer bei Stierkämpfen (corrida) oder Popkonzerten

10 000 Zuschauern Platz bietet. *Sommer Mi–Sa, Mo 10–13, 14.30–18.30, So 8–19; Winter Mi–Sa, Mo 10–12, 13.30–17.30, So 8–17 Uhr | 2 Euro*

GROUPE EPISCOPAL ⭐

Mitten in der kleinen mittelalterlichen Stadt ist das Domviertel von Fréjus ein schönes Beispiel für die provenza-

Mai–Mitte Aug. tgl. 9–18.30, sonst Di–So 9–12, 14–17 Uhr | 5 Euro

■ ESSEN & TRINKEN ■

LES MICOCOULIERS

Gegenüber vom Domviertel gute provenzalische Küche. *Tgl. | 34, pl. Paul-Albert-Février | Fréjus | Tel. 04 94 52 16 52 |* €

Nicht nur in Monte-Carlo rollt die Kugel: Grand Casino in St-Raphaël

lische Frühgotik. Die Fundamente der *Taufkapelle (baptistère)* stammen aus dem 5. Jh. und zählen zu den ältesten Kirchenbauwerken Frankreichs. Die *Kathedrale* mit zwei Kirchenschiffen aus dem 12. Jh., die im 13. Jh. durch drei Bögen miteinander verbunden wurden, beherbergt ein Altarbild von Ste-Marguerite von Jacques Durandi. Sehenswert der doppelstöckig gebaute *Kreuzgang (cloître)* mit Garten und Brunnen. Im *Bischofspalast* residiert heute die Stadtverwaltung. *Mitte*

CHARIUS

Gleich neben der Markthalle nördlich der Bahnlinie ein kleines Restaurant mit schattiger Sommerterrasse und frischen regionalen Spezialitäten. *So abends, Mo geschl. | St-Raphaël | 45, rue de la République | Tel. 04 94 82 29 16 |* €

■ ÜBERNACHTEN

Die besten Häuser liegen außerhalb der Zentren vor allem im schicken Stadtteil *Valescure* von St-Raphaël.

> *www.marcopolo.de/cotedazur*

L'OASIS

Einfaches Hotel in einem Haus aus den 50er-Jahren am Ende einer Sackgasse. Nur 150 m vom Strand. Parkplatz. *27 Zi. | impasse Jean-Baptiste Charcot | Fréjus | Tel. 04 94 51 50 44 | Fax 04 94 53 01 04 | www.hotel-oasis.net | €–€€*

SOL E MAR ☼

Das renovierte Hotel liegt direkt am Wasser und bietet mit einen Meerwasserpool sowie einen tollen Blick aus nahezu allen Zimmern. *50 Zi. | RN 98 | Le Dramont | Agay | Tel. 04 94 95 25 60 | Fax 04 94 83 83 61 | http://monalisahotels.com/fr/hotels/solemar | €€–€€€*

AM ABEND

St-Raphaël besitzt ein Spielkasino, Bars und Liveclubs wie ▶▶ *Coco Club* im Hafen Santa Lucia, Fréjus Diskos wie ▶▶ *La Playa* oder ▶▶ *L'Odyssée (beide bd. de la Libération),* die im Hochsommer jeden Abend geöffnet sind.

AUSKUNFT

325, rue Jean Jaurès | Fréjus | Tel. 04 94 51 83 83 | Fax 04 94 51 00 26 | www.ville-frejus.fr
Rue Waldeck-Rousseau | St-Raphaël | Tel. 04 94 19 52 52 | Fax 04 94 83 85 40 | www.saint-raphael.com

ZIELE IN DER UMGEBUNG

CAP DU DRAMONT   [126 B6]

An der Felsnase 4 km östlich beginnt die *Corniche d'Or* von St-Raphaël nach Cannes. Sehr schön ist eine Wanderung auf dem Küstenwanderpfad vom Wassersportzentrum am Strand von Dramont mit dem Denkmal zur Erinnerung an die Landung der amerikanischen Truppen 1944 zum ☼ Leuchtturm und weiter zur kreisrunden Bucht Camp Long *(2 Std. hin und zurück).*

MASSIF DE L'ESTEREL ★   [120 B–C 5–6]

Roter Porphyr, grüne Kiefern, türkisfarbenes Meer und blauer Himmel – die Gegend um das Massif de l'Es-

MARCO POLO HIGHLIGHTS

★ **Groupe Episcopal**
Provenzalische Frühgotik in Fréjus (Seite 66)

★ **Massif de l'Esterel**
Ein Farbenspiel: roter Fels, blaues Meer und grüne Kiefern (Seite 67)

★ **Iles d´Or**
Inseln, die ihren Namen zu Recht tragen (Seite 70)

★ **Corniche des Maures**
Buchten, Strände und Berge (Seite 74)

★ **St-Tropez**
Wo sich der Jetset trifft (Seite 74)

★ **Musée de l'Annonciade**
Pointillismus in alter Kapelle von St-Tropez (Seite 75)

★ **Port-Grimaud**
Mustergültige Feriensiedlung mit künstlichen Kanälen (Seite 76)

★ **Ramatuelle**
Festungsdorf mit Traumstränden (Seite 76)

terel (im Nordosten von Fréjus) ist wunderschön. Tiefe Schluchten ziehen sich durch das Gebirge mit dem 618 m hohen *Mont Vinaigre* bis ans Meer. Dort brechen die Wellen an Klippen aus Vulkangestein. ❊ Die herrlichen Wanderwege zum *Pic du Cap Roux* (452 m) oder dem *Pic de l'Ours* (496 m) sind v. a. im Frühling

und älteste Badeort an der Côte d'Azur, hat die Bäume sogar in den Namen aufgenommen. Das antike Olbia, von den Griechen am Meer gegründet, zog im Mittelalter auf einen Hügel landeinwärts. Engländer, Iren und Amerikaner entdeckten die Stadt als Ferienort im 19. Jh., die kilometerlangen Strände wurden erst im 20. Jh. ange-

Es gibt tatsächlich noch palmenlose Ecken in Hyères-Les-Palmiers, etwa in der Altstadt

und Herbst zu empfehlen, wenn die Macchia blüht. Auskunft: *Office du Tourisme in St-Raphaël*

HYÈRES-LES-PALMIERS

[128 B5] **Palmen, Palmen, überall Palmen. Hyères (51 000 Ew.), der südlichste**

legt. Die hübsche Altstadt mit Renaissancetoren und Templerordenturm *(Tour St-Blaise)* aus dem 13. Jh. ist durch den Flughafen vom Strandbad Hyères-Plage getrennt.

■ SEHENSWERTES ■

JARDIN OLBIUS-RIQUIER

Vor allem Palmen und Kakteen, aber auch Gewächshäuser, ein Freigehege

DIE WESTLICHE KÜSTE

für Tiere und ein See. *Im Sommer tgl. 7.30–20, im Winter bis 17 Uhr | av. A. Thomas | Eintritt frei*

VILLA NOAILLES

Die Villa Noailles, das Haus der Kunstliebhaber Marie-Laure und Charles de Noailles, ist seit den 1920er-Jahren ein Symbol für moderne Architektur an der Küste. Man Ray drehte hier seinen ersten Film, Alberto Giacometti, Luis Buñuel und Jean Cocteau waren Gäste. Im Sommer Wechselausstellungen *(im Hochsommer Mi–So 10–12, 16–19, sonst Mi–So 10–12, 14–17 Uhr | montée de Noailles | Eintritt mit Führung 5 Euro).* Von der Villa führt ein Fußweg auf einen Hügel zu den ✤ Ruinen des *Schlosses.* Von dort toller Panoramablick auf Stadt und Meer.

■ ESSEN & TRINKEN

LE BISTROT DE MARIUS

Hier wird provenzalische Küche auf einem hübschen Platz in der Altstadt serviert. Üppige Portionen. *Außerhalb der frz. Schulferien*
Mo/Di geschl. | 1, pl. Massillon | Tel. 04 94 35 88 38 | €–€€

LA COLOMBE

Mediterrane Küche, im Sommer mit schöner Terrasse im Innenhof, 2,5 km westlich. *So-Abend, Mo geschl. | rte. de Toulon | Tel. 04 94 35 35 16 | www.restaurantlacolombe.com | €€*

LE P'TIT CLOS

Ganz kleines Restaurant mit 20 Sitzplätzen und sorgfältig zubereiteten Spezialitäten der Region. Der Wein wird auch im Glas ausgeschenkt. *Mi., Sa mittags, So abends geschl. | 27, av. Riondet | Tel. 04 94 35 75 29 | €–€€*

■ ÜBERNACHTEN

BOR

Komplett umgebautes und mit modernen Möbeln eingerichtetes Hotel direkt am Meer mit eigenem Strand 4 km im Süden der Stadt, nur ein paar Schritte vom Port St-Pierre entfernt. *20 Zi. | 3, allée Emile Gérard | Tel. 04 94 58 02 73 | Fax 04 94 58 06 16 | www.hotel-bor.com | €€€*

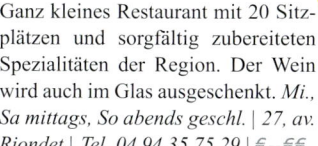

> DER TRAUM VOM PARADIES

Licht und Farben der Côte zogen Künstler magisch an

„Als ich verstanden hatte, dass ich dieses Licht jeden Morgen wieder sehen würde, konnte ich mein Glück nicht fassen", sagte Henri Matisse 1917, nachdem er sich entschieden hatte, an der Côte d'Azur zu bleiben. Sein 1904 in St-Tropez gemaltes Bild „Luxe, calme et volupté" (Pracht, Ruhe und Sinnenlust) steht symbolisch für ein Paradies auf Erden, das zu einem Weltzentrum der modernen Kunst wurde. 25 Jahre vor ihm waren schon die großen Künstler des Impressionismus wie Pierre-Auguste Renoir, Alfred Sisley, Georges Seurat und Paul Signac der internationalen Schickeria in den neuen Garten Eden gefolgt. Sie waren die Vorgänger der Malergenerationen, die mit Pablo Picasso, Nicolas De Staël, Marc Chagall und Fernand Léger nach dem Zweiten Weltkrieg der Kunst des 20. Jhs. entscheidende Richtungen gegeben haben.

Surfer und Kitesurfer finden an der Halbinsel Giens perfekte Voraussetzungen

DU SOLEIL 🔊
Altes Steinhaus in der Nähe von Stadtmauer und Schlossruine. *22 Zi. | rue du Rempart | Tel. 04 94 6516 26 | Fax 04 94 65 16 26 | www.hoteldu soleil.com | €€*

■ AM ABEND ■
Neben dem Kasino gibt es ein halbes Dutzend Diskos wie *Le Rève (Port de la Capte | im Hochsommer tgl., sonst Fr–So)* oder *La Dolce Vita*

(route de Giens, im Hochsommer tgl., sonst Fr und Sa).

■ AUSKUNFT ■
3 | av. A. Thomas | Tel. 04 94 01 84 50 | Fax 04 94 01 84 51 | www.ot-hyeres.fr oder (mit den Nachbarorten Le Pradet, Carqueiranne und Pierrefeu) *Quartier St-Martin | Tel. 04 94 38 50 91 | Fax 04 94 01 84 31 | www.provence-azur.com*

■ ZIELE IN DER UMGEBUNG ■
GIENS   [128 B6]
Gleich zwei 4 km lange, schmale Sandstreifen *(tombolo)*, die von den Flüssen Gapeau und Roubaud aufgeschwemmt wurden, verbinden die ehemalige Insel Giens mit dem Festland. Die Lagune dazwischen war bis 1996 ein Salzgarten, heute ist das Areal geschützter Lebensraum vor allem für Vögel, z.B. Flamingos. Das Küstenschutzamt kämpft für den Erhalt des empfindlichen ökologischen Gleichgewichts, das von der Erosion des westlichen Sandstreifens bedroht ist. Auf der Halbinsel liegt das Dorf Giens mit dem kleinen Hafen Port de Niel. Von der 🌸 Burgruine haben Sie eine schöne Aussicht auf Festland und Inseln. Einer der schönsten Abschnitte des Küstenwanderwegs *Inside Tipp* im Département Var führt vom kleinen Hafen La Madrague im Westen der Halbinsel zur Plage de l'Arbousière. Die 6,5 km bewältigen geübte Wanderern in gut 2 Std.

ILES D'OR ⭐   [128–129 C–E6]
Die Hyerischen oder „Goldinseln" tragen ihren Namen mit Stolz – und sind im Hochsommer wegen der Vielzahl von Touristen ein Opfer ih-

rer Schönheit. *Porquerolles*, *Port-Cros* und *Levant* gehören geologisch zum Massif des Maures und wurden bereits in der Antike besiedelt, zuerst von Ligurern, dann von Griechen und Römern.

Seit 1979 ist *Porquerolles* Naturschutzgebiet mit einem Botanikzentrum, Park und Weinbergen. Die Insel (7 km lang, 3 km breit) lässt sich bestens zu Fuß (v. a. der 1,5 Std. lange Spaziergang vom Hafen zum Leuchtturm im Süden lohnt sich) oder mit dem Rad erobern (Fahrradverleih im Dorf Porquerolles). Unterkunft finden

Sie im *Mas du Langoustier (50 Zi. | 3,5 km westl. vom Hafen | Tel. 04 94 58 30 09 | Fax 04 94 58 36 02 | www.langoustier.com | €€ – €€€)* in einem großen Park mit zwei Restaurants.

Einer der ersten Nationalparks in Frankreich war 1963 die kaum besiedelte Insel *Port-Cros* mit 600 m breitem Küstengewässerstreifen. Der Schutz hat die Schönheit der 4 km langen und 2,5 km breiten Insel bewahrt. Schöne Wanderwege ins Tal der Einsamkeit *(Vallon de la Solitude)*, ein Pflanzenlehrpfad *(Sentier Botanique)* und der erste Unterwasserweg für Schnorchler *(Sentier Sous-Marin)* an der *Plage de la Palud*.

Schiffsverbindungen nach Porquerolles (20 Min.) werden von La Tour Fondue auf der Halbinsel Giens angeboten *(Gare Maritime | La Tour Fondue | Tel. 04 94 58 21 81 | www.tlv-tvm.com | 15,70 Euro)*, nach Port-Cros vom Hafen von Hyères *(Port d'Hyères | Tel. 04 94 57 44 07 | www.tlv-tvm.com | 23,20 Euro)*. Auskunft: *Bureau d'Information de Porquerolles | Tel. 04 94 58 33 76 | Fax 04 94 58 36 39 | www.porquerolles.com; Bureau d'Informations du Parc | Tel. 04 94 01 40 72 | Fax 04 94 01 40 71 | www.portcrosparcnational.fr/accueil*

MASSIF DES MAURES

[128–129 B–E 2–5] **Das Massif des Maures ist eine der ältesten Gebirgsformationen der Provence und besitzt selbst heute noch ein Stück wilder Natur, das leider immer wieder von Waldbränden bedroht wird.** Es liegt mit seinen vier Höhenzügen zwischen Hyères und Fréjus und ist geprägt von Eichen-, Kastanien- und Korkeichenwäldern. Auf dem höchsten Gipfel (*Col de Fourche*, 780 m) wird seit 2001 von Franziskanermönchen die ☆ Einsiedelei *Notre-Dame-des-Anges* betreut. Von hier blickt man weit über die Berge und das Meer. Der Name des Gebirgszugs hat übrigens nichts mit den Mauren zu tun, sondern bedeutet in provenzalischer Sprache „düsterer Wald".

■ ORTE IM MASSIF DES MAURES

BORMES-LES-MIMOSAS   [129 D5]

Die im Februar gelb blühenden Mimosen haben dem Dorf (6400 Ew.) 1968 seinen Beinamen gegeben. Der Ort hoch auf der ersten Kette des Massif des Maures ist mit seinen steilen Gassen, unzähligen Blumenbeeten und einer verschwenderischen Vegetation mit Eukalyptus, Oleander und Zypressen eine Augenweide. Zur

Blühende Mimosen im Frühjahr

Gemeinde gehören aber auch 17 km Strände rund um das knapp 10 km entfernte *Fort Brégançon*, seit 1968 offizielle Residenz der französischen Staatspräsidenten, und die *Plage de l'Estagnol (Ostern–Okt. 7 Euro Parkgebühr)* mit weißem Sand am Kiefernwäldchen. Originelle Fischspezialitäten bekommen Sie in *La Pastourelle* in einer kleinen Gasse des Dorfes *(Di-Abend geschl. | 41, rue Carnot Tel. 04 94 71 57 78 | €)*. Zum Gourmetrestaurant hat sich La Terrasse unter Küchenchef Hervé Vinrich gemausert *(So-/Di-abends, Mo ganz geschl. | 19, place Gambetta | Tel. 04 94 64 47 56 | €€)*, eine sichere Bank bleibt *Lou Portaou* im Mittelalter-Ambiente mit einer Terrasse unter Steingewölbe *(im Sommer nur abends geöffnet, Mo ganz, Di abends geschl. | 1, Cubert des Poètes | Tel. 04 94 64 86 37 | €€)*. Im ☆ alten Dorf mit Weitblick aufs Meer ist das *Hôtel Bellevue* gründlich renoviert worden *(12 Zi. | 12, place Gambetta | Tel. 04 94 71 15 15 | Fax 04 94 05 96 04 | www.bellevue bormes.fr.st | € | mit Restaurant, €)*. Auskunft: *1, place Gambetta | Tel. 04 94 01 38 38| Fax 04 94 01 38 39 | www.bormeslesmimosas.com*

COLLOBRIÈRES   [128 C4] Insider Tipp

Das alte Zentrum (1700 Ew.) der Korkverarbeitung inmitten herrlicher Kastanien- und Korkeichenwäldern hat einen mittelalterlichen Dorfkern mit den Ruinen einer Kirche des 12. Jhs. Die *marrons glacés*, Kastanienkonfekt, sind eine Spezialität von Collobrières, zu erhalten etwa in der *Confiserie Azuréenne (bd. Koenig)*. Das einfache Familienhotel *Hôtel-*

Restaurant des Maures bietet gute provenzalische Hausmacherkost *(10 Zi. | 19, bd. Lazare-Carnot | Tel. 04 94 48 07 10 | Fax 04 94 48 02 73 | €)*. Auch im hübsch eingerichteten Lokal *La Petite Fontaine* kocht man typische Gerichte der Region. Unbedingt reservieren *(So-Abend | Mo geschl. | 1, pl. de la République | Tel. 04 94 4800 12 | €–€€)*. Auskunft: *bd. Charles Carinat | Tel. 04 94 48 08 00 | Fax 04 94 48 04 10 | www. collobrieres.fr*

Insider Tipp

LA GARDE-FREINET [129 E3]
Der einstige Schlupfwinkel der Sarazenen ist heute ein hübscher Ferienort (1600 Ew.), umgeben von Korkeichen- und Kastanienwäldern, die teilweise von den großen Bränden 2003 schwer geschädigt wurden. Idealer Ausgangspunkt für Ausflüge im Massif des Maures. Schöner Blick auf das Dorf von den ❀ Ruinen der alten Burg (45 Min. zu Fuß) und dem Maurenkreuz. Auskunft: *1, pl. Neuve | Tel. 04 94 43 67 41 | www.lagarde freinet-tourisme.com*

GRIMAUD ❀ [129 E3]
Unterhalb der Ruine des Schlosses der Grimaldi-Fürsten (11. Jh.) mit herrlichem Ausblick können Sie eines der schönsten Dörfer im Mauren-Massiv mit schattigen Plätzen und engen Gässchen kennenlernen. Die alte Seidenspinnerei ist zum Feinschmeckertempel geworden. Jacques Minard und Jean-Claude Paillard bringen im *Côteau Fleuri* Köstliches auf den Teller *(Mo-/Fr-Mittag, Di ganz geschl. | place des Pénitents | Tel. 04 94 43 20 17 | www.coteauf leuri.fr | €€€ | auch 14 Zi., €€)*. Auskunft: *1, bd. des Aliziers | Tel. 04 94 43 26 98 | Fax 04 94 43 32 40 | www. grimaudprovence.com*

Markt in Collobrières

LE LAVANDOU [129 D5]
Der Aufstieg des Ortes zum Touristenzentrum ist bezeichnend für die Entwicklung der Region. Als vor fast 100 Jahren der deutsche Schriftsteller Walter Hasenclever nach Le Lavandou kam, war er der einzige Fremde. Heute hat der Ort (5500 Ew.) 100 000 Urlaubsgäste, mehr als drei Dutzend Hotels, viele Campingplätze und ist begehrt wegen seiner *Strände Aiguebelle, Cap Nègre, Pramousquier, Layet* oder *Rossignol*. Im Winter wird der frühere Fischerhafen von Bormes-les-Mimosas wieder zur Geisterstadt. Auskunft: *quai Gabriel*

ST-TROPEZ

Péri | Tel. 04 94 00 40 50 | Fax 04 94 00 40 59 | www.lelavandou.com

■ FREIZEIT & SPORT ■

Im Mauren-Massiv gibt es eine Fülle von Wanderwegen wie den GR 90 von Collobrières zu der von Ordensschwestern bewohnten *Kartause La Verne (Mi–Mo 11–18, im Winter 11–17 Uhr | 5 Euro),* deren Gebäude zum großen Teil aus dem 17. und 18. Jh. stammen. Auch für Fahrradfahrer sind Strecken ausgeschildert.

Insider Tipp

■ ZIEL IN DER UMGEBUNG ■

CORNICHE
DES MAURES ★ ☼ [129 D–E 4–5]

Von Le Lavandou führt die D 559 mit schönen Ausblicken immer am Meer entlang östlich nach *Cavalière* und zum vorm Mistral geschützten Sandstrand zwischen der Pointe du Layet und dem Cap Nègre. Ca. 6 km weiter ist in der von einem Pariser Bankier 1910 angelegten *Domaine du Rayol* ein botanischer Lehrpfad durch Gärten mit Bäumen, Büschen und Kakteen aus der ganzen Welt ausgewiesen. Clou ist im Sommer ein Unterwasserlehrpfad *(Sentier Sous-Marin)* in der Bucht von Le Rayol *(im Sommer Di–So 9.30–12.30, 14.30–18.30, im Winter Di–So 9.30–12.30, 14–17.30 Uhr | www.domainedurayol.org | 8 Euro).* Über den Ferienort Cavalaire-sur-Mer führt die Straße bis nach *La Croix-Valmer* mit seinem Strand *Gigaro.*

Insider Tipp

ST-TROPEZ

[129 F3] ★ Das Dorf (5600 Ew.) steht wie ein Symbol für die ganze Côte d'Azur. Da sind die traumhafte Lage in der geschützten Bucht, der Hafen und die Altstadt in harmonischer Architektur, ein wunderschönes Hinterland und Sandstrände in Hülle und Fülle. Kein Wunder, dass das Ende des 19. Jhs. noch verschlafene Nest von Schriftstellern wie Guy de Maupassant und Malern wie Paul Signac entdeckt wurde. St-Tropez, vom 15. bis 17. Jh. eigenständige Republik, wurde im Gefolge der Pariser Schickeria und v. a. nach Roger Vadims in der Bucht von La Ponche gedrehtem Film „Und ewig lockt das Weib" mit Brigitte Bardot zum Treffpunkt des internationalen Jetsets.

Die Stars haben sich längst aus den Cafés und von den Stränden verabschiedet und treffen sich höchstens noch in exklusiven Clubs. Was im Sommer bleibt, sind Tag für Tag etwa 80000 Touristen, große Motoryachten im Hafen, gepfefferte Preise und

Trubel in den Diskos. Doch sind die Ferien vorbei, erwacht St-Tropez zu alter Schönheit. Dann spielen die Einheimischen wieder in aller Ruhe Pétanque auf der Place des Lices.

■ SEHENSWERTES ■

ALTSTADT
Reizvoll ist der Spaziergang durch die Altstadt, zur Kirche mit ihrem Turm in kräftigen Ockerfarben, zum Marktplatz *(Place aux Herbes)* und anschließend hinauf zur ❄ Zitadelle, von wo aus man einen schönen Blick auf das Städtchen und den Golf von St-Tropez hat.

HAFEN
Der Herz von St-Tropez schlägt am Meer, auch wenn im Sommer vor lauter großen Yachten das Wasser kaum mehr zu sehen ist. Der ▶▶ ⌇ Hafen ist selbst außerhalb der Hochsaison Treffpunkt für das internationale Publikum, das sich auf dem roten Gestühl des *Sénéquier* niederlässt, das zu den berühmtesten Cafés der Welt zählt.

MUSÉE DE L'ANNONCIADE
Eines der schönsten Kunstmuseen Frankreichs, in einer früheren Kapelle direkt am Hafen. Zu sehen sind Meisterwerke von Paul Signac und Georges Seurat, aber auch Arbeiten von Henri Matisse, Kees van Dongen, Albert Marquet und Henri Manguin. *Hochsommer tgl. 10–12 und 15–22, sonst Mi–Mo 10–12 und 14–18 Uhr | place Grammont | 5,50 Euro*

■ ESSEN & TRINKEN ■

LEÏ MOUSCARDINS
Laurent Tarridec kocht sich in seinem Restaurant am Hafen in die fran-

Sie sehen St-Tropez' Hafen vor lauter dicken Yachten nicht mehr? Kaufen Sie ein Bild davon!

zösische Spitzenklasse. *Tgl. | tour du Portalet | Tel. 04 94 97 29 00 | €€€*

LA TABLE DU MARCHÉ
Unweit der Place des Lices serviert Christophe Leroy, eine der schillernden Figuren im Jetset von St-Tropez, kleine Häppchen, ganze Mahlzeiten und inzwischen sogar asiatische Spezialitäten wie Nems und Sushi. *Tgl. | 38, rue Clémenceau | Tel. 04 94 97 85 20 | €€*

■ EINKAUFEN ■

In den Geschäften sind alle Luxusmarken dieser Welt vertreten. Seit 1927 gibt es in der Rue Clémenceau die *sandales tropéziennes* – ein Paar kostet rund 85 Euro. Eine süße Spezialität ist die *tarte tropézienne* mit kalorienreicher Creme, die Sie im gleichnamigen Geschäft erstehen können *(pl. des Lices)*.

■ ÜBERNACHTEN ■

LOU CAGNARD
Preiswertes Haus in St-Tropez. *19 Zi. | av. Paul Roussel | Tel. 04 94 97 04 24 | Fax 04 94 97 09 44 | €€*

LA PONCHE ☆
Das Luxushotel mit viel Charme liegt im Fischerviertel mit Blick auf die Bucht. Gutes, relativ preiswertes Restaurant *(€€)*. *18 Zi. | port des Pêcheurs | Tel. 04 94 97 02 53 | Fax 04 94 97 78 61 | www.laponche.com | €€€*

■ AM ABEND ■

Im Vergleich zur Einwohnerzahl gibt es nirgendwo sonst in Frankreich so viele Diskos und Clubs. Ein Treffpunkt für Jetset, Stars und Models sind ►► *Les Caves du Roy (Eingang*

av. Maréchal Foch) im Hotelkomplex ☊ Le Byblos.

■ AUSKUNFT ■

Quai Jean Jaurès | Tel. 04 94 97 45 21 | Fax 04 94 97 82 66 | www.saint-tropez.st oder Carrefour de la Foux | Gassin | Tel. 04 94 55 22 00 | Fax 04 94 55 22 01 | www.golfe-infos.com

■ ZIELE IN DER UMGEBUNG ■
PORT-GRIMAUD ★ ☊   [129 E3]
Ein Feriendorf aus der Retorte mit Kanälen, Brücken und bunten Häusern. François Spoerry verwirklichte 1966 in einem Sumpfgebiet im Zentrum der Bucht von St-Tropez (ca. 6 km entfernt) ein damals heiß diskutiertes Konzept für umweltverträglichen Tourismus. Ein seltenes Beispiel dafür, wie sich Neubauten nicht unbedingt störend in die Landschaft einfügen. Und wo gibt es sonst noch kleine Häfen mit Kanälen, in denen die Bewohner ihr Boot direkt vor der Haustür parken können? Die Patina der Jahre tut dem Ort gut. Besucher müssen ihr Auto auf einem Parkplatz im Norden der Siedlung abstellen.

RAMATUELLE ★   [129 F4]
Mit seinen Häusern, die sich um einen Hügel winden, ist Ramatuelle (2200 Ew., 7 km entfernt) mitten auf der Halbinsel ein typisches provenzalisches Festungsdorf. Als Erinnerung an den Schauspieler Gérard Philipe (1922–59) wird jeden Sommer ein *Theaterfestival* organisiert. Zu Ramatuelle gehören die legendären *Strände* der Halbinsel wie die *Plage de Pampelonne* mit dem Urvater aller Strandclubs, dem in den 1950er-Jahren gegründeten ►► *Club*

55 (Tel. 04 94 79 80 14 | Restaurant €€–€€€). Im Sommer gibt es außer am Strand von L'Escalet im Westen keinen einzigen Gratisparkplatz am Meer. Eine ruhige Alternative zu den Hotels in St-Tropez ist das inmitten von Weinbergen gelegene Gästehaus Leï Souco (10 Zi. | rte. des Plages | D 63 | Tel. 04 9479 80 22 | Fax 04 94 79 88 27 | April–Anf. Sept. | http://

einen beeindruckenden Blick auf Meer, Halbinsel und Massif des Maures. Auskunft: pl. de l'Ormeau | Tel. 04 94 12 64 00 | Fax 04 94 79 12 66 | www.golfe-infos.com

STE-MAXIME [129 E3]

Die alte Fischersiedlung liegt St-Tropez gegenüber auf der anderen Seite des Golf von St-Tropez. Sie hat sich

Ramatuelle – ein typisch provenzalisches Festungsdorf

leisouco.club.fr | €€). 1969 eröffnet, gilt es als Vorreiter für die chambres d'hôtes (s. S. 105).

Auf einem Hügel zwischen Ramatuelle und dem hübschen, aber ebenfalls sehr vom Tourismus geprägten Dorf Gassin bietet die Aussichtsplattform oberhalb der Mühlen Les Moulins de Paillas – eine Mühle ist renoviert, die andere eine Ruine –

zu einem hübschen, das ganze Jahr über lebendigen Badeort (12 000 Ew.) entwickelt, der eine Alternative zum permanent überlaufenen und teuren Jetset-Treffpunkt ist. Wer den Dauerstau der Uferstraße nach St-Tropez vermeiden will, setzt mit dem Schiff über (Transports Maritimes MMG | April–Okt. | hin und zurück 11,50 Euro | www.bateaux.verts.com). Aus-

Insider Tipp

kunft: *av. Charles de Gaulle | Tel. 04 94 96 19 24 | Fax 04 94 55 75 56 | www.sainte-maxime.com*

TOULON

[128 A5] Der wichtigste Militärhafen Frankreichs in einer der schönsten und größten Buchten der Küste kommt in ruhigeres Fahrwasser. Die Hauptstadt des Départements Var (170 000 Ew.), im Zweiten Weltkrieg zur Hälfte zerstört und hastig wiederaufgebaut, schlitterte jahrzehntelang von einem kommunalpolitischen Skandal in den anderen. Seit 2002 wird das alte Zentrum saniert. Die z. T. künstlich angelegten Strände von Mourillon im Osten der Stadt mit Grünanlagen, Sport- und Spielplätzen, Bars und Restaurants locken nicht nur Einheimische.

Insider Tipp

■ SEHENSWERTES ■

Die meisten Museen in Toulon kosten dank der Kulturpolitik in der Hafenstadt keinen Eintritt.

ALTSTADT UND HAFEN

Die Strandpromenade am Quai Cronstadt mit ihren Restaurants und Cafés erstrahlt in neuem Glanz. Große Teile der Altstadt im Norden des Hafens sind heute Fußgängerzonen mit lauschigen Plätzen wie die *Place Raimu* mit ihren Kartenspielern aus Bronze, die *Place Victor Hugo* mit dem Theater aus dem 19. Jh., die *Place Ledeau* im Zentrum oder der *Cours Lafayette* mit seinem provenzalischen Markt *(Di–So-Morgen)*.

MUSÉE D'ART

Das Haus aus dem 19. Jh. im Stil der italienischen Renaissance bietet neben einer interessanten Sammlung von Bildern provenzalischer Maler des 19. Jhs. einen guten Überblick über zeitgenössische Kunst, in der neben den Vertretern des *Nouveau Réalisme* wie Yves Klein, Martial Raysse, César Balducchini oder Arman auch Fotografien etwa von Henri Cartier-Bresson gezeigt werden. *Di–So 12–18 Uhr | 113, bd. Maréchal Leclerc*

MUSÉE D'HISTOIRE NATURELLE

Der ausgestopfte Tiger mit dem Kosenamen *Clem* ist das Symbol für das Naturkundemuseum, das den Schwerpunkt auf die Fauna der Region und die Mineralogie setzt. Clem ist im Zoo auf dem Mont Faron geboren und war lange das Maskottchen des in Toulon stationierten und inzwischen ausgemusterten Flugzeugträgers Clémenceau. *Mo–Fr 9–18 Uhr; Sa und So 11–18 Uhr | 113, bd Maréchal Leclerc*

MONT FARON

☀ 584 m hoch über dem Meer liegt die Spitze des Kalkfelsens mit grandiosem Blick über die ganze Bucht. Eine Seilbahn führt vom Bd. Amiral Vence *(Bus Nr. 40)* auf den Berg *(Mo und bei starkem Wind geschl. | 6,20 Euro)*, auf dem ein Museum die Geschichte der Alliierten-Landung im August 1944 nachzeichnet *(Di–So 10–12 und 14–16.30 Uhr | 3,80 Euro)* und auf dem ein Zoo für die Aufzucht von Raubtieren angelegt ist *(tgl. 10–17 Uhr, im Winter 14–17 Uhr | 8 Euro)*.

■ ESSEN & TRINKEN ■

LE JARDIN DU SOMMELIER

Ein paar Schritte westlich der Place d'Armes ein von außen unscheinbares Lokal, in dem Weinkenner Christian Scalisi exquisite Küche mit ausgewählten Tropfen serviert. Günstiges provenzalisches Menü *(€€)*. *Sa-Mittag, So geschl. | 20, allée Amiral Courbet | Tel. 04 94 62 03 27 | www.le-jardin-du-sommelier.com | €€€*

■ ÜBERNACHTEN ■

GRAND HÔTEL DAUPHINÉ 🔊
Komplett renoviertes Haus in der Fußgängerzone, 50 m vom Peiresc-Parkplatz entfernt. *55 Zi. | 10, rue Berthelot | Tel. 04 94 92 20 28 | Fax 04 94 62 16 69 | www.grandhoteldauphine.com | €*

BONAPARTE

Am Westrand der Altstadt mit Blick auf die Place d'Armes ein ebenfalls komplett renoviertes Haus mit gutem Komfort. *22 Zi. | 16, rue Anatole France | Tel. 04 94 93 24 55 | Fax 04 94 93 24 55 | www.hotel-bonaparte.com | €*

■ ZIEL IN DER UMGEBUNG ■

LE PRADET [128 A5]
Die Kleinstadt (11 000 Ew.), 9 km östlich von Toulon, bietet fünf schöne *Badestrände* wie *Pin de Galle, Monaco, Bonnettes, Garonne* und *Oursinières*, die über einen Küstenwanderweg miteinander verbunden sind. An der Südspitze der Landzunge ist in einer alten Kupfermine das *Musée de la Mine de Cap-Garonne* eingerichtet, eines der schönsten Mineralkundemuseen Frankreichs *(geöffnet während der französischen Schulferien tgl. 14–17, Juli/Aug. 14–17.30 Uhr, sonst Mi, Sa, So 14–17 Uhr | Eintritt 6,20 Euro)*. Auskunft: *pl. du Général de Gaulle | Tel. 04 94 21 71 69 | Fax 04 94 08 56 96 | www.provence-azur.com* oder *www. ot-lepradet.fr*

Toulon, Frankreichs wichtigster Militärhafen, putzt sich immer mehr heraus

> # STILLE DÖRFER, HEILIGE BERGE UND TÄLER VOLLER WUNDER

Im Hinterland der Côte d'Azur geht es bedeutend ruhiger zu.
Da schaut dann auch gern mal der Wolf vorbei

> Nur ein paar Kilometer vom Meer entfernt empfängt das *arrière-pays*, das Hinterland der Côte d'Azur, seine Besucher voller Ruhe und Gelassenheit. Die Landschaft in den Hügeln und Bergen hat einen sehr eigentümlichen, herben Reiz, für den man sich erst öffnen muss.

Fixpunkte im Hinterland sind die stillen Orte auf den Hügeln. Sie haben trotz der Landflucht zu Beginn des 20. Jhs. eine bäuerliche Grundstruktur behalten, aber in der behutsamen Öffnung für den Fremdenverkehr auch neue Zukunftsperspektiven für sich gewonnen.

Ein buntes Völkchen von Aussteigern, Kunsthandwerkern und Naturliebhabern, die sich in der Hochsaison als Touristenführer verdingen, macht die klitzekleinen Gemeinden zumindest im Sommer wieder lebendig. Weil über Jahrzehnte hinweg kaum neu gebaut wurde, haben sich die Orte ihren ursprünglichen Char-

Bild: Der Lac Long im Vallée des Merveilles

DAS HINTERLAND

akter bewahrt. Inzwischen werden die typischen einfachen Steinhäuser mit viel Sorgfalt restauriert.

Flüsse wie der Estéron, der Loup oder der Verdon schufen auf ihrem Weg von den Alpen zur Mittelmeerküste tiefe Schluchten und grandiose Naturschauspiele, die zu Sportarten wie Canyoning, Kajakfahren oder Extremklettern einladen, aber auch zu ausgedehnten Wanderungen mit atemberaubenden Ausblicken.

LES ALPES MARITIMES

[121–123 A–F 1–5] Vom Meer mit Strand und Palmen sind es keine 50 km bis ins Hochgebirge mit Gipfeln über 3000 m. Die Seealpen *(Alpes Maritimes)* im Hinterland von Nizza und Monaco mit Flusstälern von Vésubie, Bévéra und Roya sorgen für die extremsten Kontraste an der Côte d'Azur.

ZIELE IN DEN ALPES MARITIMES

PARC NATIONAL DU MERCANTOUR   [121 E1–122 D4]

Dort oben, rund um den *Mont Bégo*, der mit seinen 2873 m Höhe zwar nicht der höchste Gipfel, aber der „heilige" Berg des Mercantour ist, sagen sich nicht nur Hase und Fuchs, Adler und Steinbock, sondern seit mehr als 600 km Wanderwege ausgeschildert, es gibt ein gutes Dutzend Schutzhütten in der immer noch weitgehend unberührten Landschaft. Übernachtungen in Schutzhütten müssen in der Hochsaison reserviert werden. Auskunft: *Parc National du Mercantour | 23, rue d'Italie | Nizza | Tel. 04 93 16 78 88 | Fax 04 93 88 79 05 | www.mercantour.eu.* Weitere In-

Barocke Pracht ist in der Pfarrkirche von Saorge zu sehen

1992 auch Wölfe gute Nacht – zur Freude der Naturschützer, aber zum Ärger der Schafhirten. Seit 1979 ist das 685 km² große Gebiet von Sospel im Süden, der italienischen Grenze im Norden und dem Col d'Allos im Westen Frankreichs jüngster Nationalpark, der sehr eng mit dem italienischen *Parco delle Alpi Marittime* zusammenarbeitet. Der Park hat formationen und Tourenvorschläge in den einzelnen *Maisons du Parc* in *St-Martin-Vésubie, St-Etienne-de-Tinée, Valberg* und *Tende*

SAORGE ⭐   [123 E3]

Das Dorf mit seinen beiden Burgen, 150 m über der Schlucht Gorges de Saorge gelegen, war lange Zeit Kontrollpunkt für die Straße von Nizza

> **www.marcopolo.de/cotedazur**

nach Turin. Es steht heute unter Denkmalschutz. Ein Spaziergang durch die kleine Bergstadt lohnt sich: Die *mittelalterlichen Häuser* – viele davon aus dem 15. Jh. –, die die kleinen Gassen säumen, sind bis zu zehn Stockwerke hoch. Die *Pfarrkirche* mit ihrem barocken Inneren erinnert an eine Säulenbasilika. Aus dem 11. Jh. stammt die Kirche *Madonna-del-Poggio* mit dem schlanken, sechsstöckigen Glockenturm. Im 17. Jh. wurde das *Franziskanerkloster* mit seiner vor kurzem renovierten Fassade gebaut.

Zwischen Dorf und Kloster liegt das Restaurant *Lou Pountin (Mi geschl. | rue Revelli | Tel. 04 93 04 54 90 | €)*, mit kühlem Speiseraum und sonniger Terrasse.

VALLÉE DES MERVEILLES ★   [129 D–E2]

Noch immer nicht gelöst ist das Rätsel der über 40 000 *Felszeichnungen* im „Tal der Wunder" am Fuß des Mont Bégo im Parc National du Mercantour. Die in den Stein geritzten Bilder, z. B. der „Hexenmeister" *(sorcier)*, sind zwar schon seit dem 17. Jh. bekannt, wurden aber erst im 20. Jh. systematisch erforscht. Ein Großteil der Werke soll aus der Bronzezeit zwischen 2800 und 1300 v. Chr. stammen. Die Felszeichnungen außerhalb der großen Wanderwege wie dem GR 52 sind oft nur in Begleitung von erfahrenen Wanderführern zu entdecken *(Auskunft bei Association des Guides | Accompagnateurs et Amis des Alpes Méridionales | Bureau de la Haute Vésubie | St-Martin-Vésubie | Tel. 04 93 03 26 60 oder beim Parc National du Mercantour)*. Den Wundern am Mont Bégo ist das *Musée des Merveilles (Sept.–Juni Mi–Mo 10.30–18.30, Juli/Aug. tgl. 10.30–18.30 Uhr | av. du 17 sept. 1947 | Tende | 4,55 Euro | www.museedesmerveilles.com)* mit 1000 m^2 Ausstellungsfläche gewidmet.

MARCO POLO HIGHLIGHTS

★ **Grand Canyon du Verdon**
Europas tiefste Schlucht (Seite 85)

★ **Moustiers-Ste-Marie**
Fayencedorf mit dem silbernen Stern (Seite 87)

★ **Musée de Préhistoire des Gorges du Verdon**
Auf den Spuren der Menschheit im Museum von Quinson (Seite 88)

★ **Abbaye du Thoronet**
Meisterwerk provenzalischer Romanik (Seite 88)

★ **Train des Pignes**
Mit Dampf über 33 Brücken (Seite 91)

★ **Vallée des Merveilles**
Felszeichnungen aus grauer Vorzeit im Nationalpark Mercantour (Seite 83)

★ **Gorges de la Vésubie**
Ein Fluss gräbt sich durch das Hinterland von Nizza (Seite 84)

★ **Saorge**
Ein Hauch von Tibet im Tal der Roya (Seite 82)

CASTELLANE

VALLÉE DE VÉSUBIE [122 B–C4]

Zwei Wildbäche, die nahe der italienischen Grenze auf 2500 m Höhe ihre Quellen haben, bilden bei St-Martin-Vésubie den Vésubie-Fluss. Nach seinem Lauf durch ein anmutiges Tal ist er ab St-Jean-la-Rivière in den ⭐ *Gorges de la Vésubie* mit Steilwänden in verschiedenen Gesteinsfarben ein besonders schönes Naturschauspiel. Von der D 2565 zweigt die kleine D 32 nach *La Madone d'Utelle* ab, einem im 9. Jh. von Seefahrern gegründeten Wallfahrtsort mit einer ❉ *Aussichtsplattform* (1174 m), von der man einen unvergesslichen Rundblick über Seealpen und Meer hat.

CASTELLANE

[120 C5] Bis ins Mittelalter hinein lebte die Stadt, die von den Römern Salinae genannt wurde, von ihren salzhaltigen Quellen. Nach dem Einfall der Sarazenen im 9. Jh. bauten die Einwohner zu ihrem Schutz auf dem 180 m hohen und 75 m breiten Kalkfelsen eine *Zitadelle (Petra Castellana)*. Heute ist das Städtchen (1500 Ew.) an der Route Napoléon vom Meer in die Alpen ein idealer Ausgangspunkt für Ausflüge in die Schluchten des Verdon.

■ SEHENSWERTES

ALTSTADT

Das Städtchen mit seinen engen Gassen hat ein paar architektonische Glanzstücke bewahrt. Von der alten Festung ist nicht mehr viel übrig. Das *Stadttor* mit seinem Uhrturm *(Tour de l'Horloge)* und der *fünfeckige Turm (Tour Pentagonale)* sind als Reste der alten Ummauerung noch geblieben.

Nach einem Ausflug in die Verdon-Schluchten kehrt man gern ins schöne Castellane zurück

MUSÉE DES ARTS ET DES TRADITIONS POPULAIRES

Das Volkskundemuseum gewährt einen Einblick in die Geschichte des Ortes. *Mai/Juni, Sept./Okt. Di–Sa 9–12, 14–18, Juli/Aug. 10–13, 14.30–18.30 Uhr | 2 Euro*

NOTRE-DAME-DU-ROC ☼

Ein an der Pfarrkirche beginnender Spaziergang mit Kreuzwegstationen führt hoch auf einen imposanten, fast kubischen Kalkfelsen, der den Ort überragt. Obenauf steht die Wallfahrtskapelle *Notre-Dame-du-Roc*, die erst zu Beginn des 18. Jhs. gebaut wurde. Schöner Blick auf den Eingang der Verdon-Schluchten.

ESSEN & TRINKEN

AUBERGE DU TEILLON

Anspruchsvolles Restaurant mit regionalen Spezialitäten und schattiger

Terrasse rund 6 km Richtung Grasse auf der Route Napoléon. *Dez.–Ende Feb., sonst Mo geschl. | RN 85 | La Garde | Tel. 04 92 83 60 88 | Fax 04 92 83 74 08 | €€ | auch 9 Zi., €*

ÜBERNACHTEN

MA PETITE AUBERGE

Mitten im Zentrum gelegen, mit schönem Park, auch Restaurant mit Terrasse. *15 Zi. | bd. de la République | Tel. 04 92 83 62 06 | Fax 04 92 83 68 49 | Nov.–Ende Feb. geschl. | € | Restaurant (€) Mi geschl. (außer Juli, Aug.)*

DU ROC

Einfaches, aber sauberes und angenehmes Haus am großen Platz mit Restaurant. *10 Zi. | place de l'Eglise | Tel. 04 92 83 62 65 | Fax 04 92 83 73 76 | Nov. geschl. | € | Restaurant €*

AUSKUNFT

OFFICE DE TOURISME

Rue Nationale | Tel. 04 92 83 61 14 | Fax 04 92 83 76 89 | www.castellane. org

ZIELE IN DER UMGEBUNG

GRAND CANYON DU VERDON ★ [124–125 C–E 1–2]

Wie ein Messer in weiche Butter hat sich der Fluss, der auf 2800 m Höhe bei Sestrière entspringt, in grauer Vorzeit durch die Kalkfelsen der Voralpen gegraben, und ist heute wohl eines der größten Naturschauspiele in ganz Europa. Bis zu 700 m fallen die Felswände zu beiden Seiten der Schlucht fast senkrecht in die Tiefe ab. Heute ist der wilde Gebirgsfluss mit seinem smaragdgrünen Wasser durch ein halbes Dutzend Stauseen

CASTELLANE

In jeder Hinsicht ein Erlebnis der Superlative: Grand Canyon du Verdon

gebändigt, ist aber trotzdem ein Mekka für Wanderer, Extremkletterer und Wassersportler geblieben.

🌿 Zwei Panoramastraßen, die *Corniche Sublime* (im Süden) und die noch spektakulärere *Corniche des Crètes* (im Norden) eröffnen atemraubende Einblicke in die Schlucht, beispielsweise von der 800 m hohen *Falaise des Cavaliers* (zwischen Comps und Aiguines gelegen) aus.

Seit 1997 ist der Grand Canyon du Verdon mit seinem Umland und dem auf 1000 m Höhe liegenden Dorf *La Palud* als Parc Naturel Régional eingestuft. La Palud, Zentrum des Naturparks, wartet mit einem interessanten *Museum* über die Schlucht auf (*Maison des Gorges du Verdon* | *Le Château* | *La Palud* | *Mitte März– Mitte Nov. 10–12 und 16–18 Uhr* | www.lapaludsurverdon.com | *4 Euro*). Auskunft: *Parc Naturel Régional du Verdon* | *Domaine de Valx* | *Moustiers-Ste-Marie* | *Tel.* 04 92 7468 00 | *Fax 04 92 74 68 01* | www.parcduverdon.fr

MONTAGNE DU CHEIRON [121 E–F 4–5–122 A–B 4–5]

Ein landschaftliches Kleinod rund um den 1777 m hohen Gipfel des Cheiron mit wilden Flusstälern und idyllischen Bergdörfern rund 50 km im Osten von Castellane. Sehenswert sind die *Gorges du Loup*, die nach der Clue de Gréolières ahnen lassen, was der Fluss auf seinem Weg zum Meer noch alles anstellt: 🌿 Entlang der D 3 mit ihren Aussichtsparkplätzen zwischen Bramafan und Gourdon ist das Wasser in den Schluchten wie entfesselt. Spektakuläre Wasserfälle wie die *Cascade des Courmes* oder der *Saut du Loup* zeigen, wie tief sich der Fluss in die Felsen gegraben hat. Gréolières [121 F5], mit 450 Ew. der Hauptort der Mikroregion, ist Ausgangspunkt für Wanderungen und Canyoning in den Tälern von Loup und Estéron. Sehenswert sind Dörfer wie das sorgfältig restaurierte *Courseoules* [122 A5] auf 1000 m Höhe oder das 65-Seelen-Nest *Roquesteron-Grasse* [122 A4] mit der ✹ Festungskirche Ste-Pétronille (12. Jh.) mit Blick aufs Estéron-Tal. Infos über die Region, die gerade zum regionalen Naturpark erhoben wurde, gibt es unter *Pays d'Accueil Provence 06 | 23, place Victorin Bonhomme | 06750 Andon | Tel. 04 93 42 04 77*.

MOUSTIERS-STE-MARIE ★ [124 C1]

Ein Bergdorf wie aus dem Bilderbuch. Nicht weit vom Ausgang der Verdon-Schlucht kauert das Nest (600 Ew., ca. 45 km von Castellane) am Fuß zweier Felsen, zwischen denen seit dem frühen Mittelalter eine Kette mit einem silbernen Stern gespannt ist. Moustiers, einst von den Mönchen der Iles de Lérins vor Cannes besiedelt, wurde im 18. Jh. zu einem wichtigen Zentrum der Fayencekunst. Der Wirtschaftszweig erlebt nach der Krise im 19. Jh. eine Renaissance; heute produzieren wieder knapp 20 Werkstätten.

Dass Moustiers wieder schick geworden ist, zeigt Starkoch Alain Ducasse, der hier eine Filiale eröffnet hat: *La Bastide de Moustiers (Chemin de Quinson | Tel. 04 92 7047 47 | Fax 04 92 70 47 48 | www.bastide-moustiers.com | €€€ | auch 12 Zi.).* Auskunft: *rue de la Bourgade | Tel. 04 92 74 67 84 | Fax 04 92 74 60 65 | www.ville-moustiers-sainte-marie.fr*

Moustiers-Ste-Marie ist ein guter Ausgangspunkt für Ausflüge in die nahe Verdon-Schlucht, aber auch an den *Lac de Ste-Croix,* den 1975 angelegten Stausee im Süden mit vielen Wassersportangeboten, z.B. in Ste-Croix oder Bauduen, wo man u.a. Tretboote mieten und in die Schlucht hineinfahren kann.

QUINSON [124 A3]

Das kleine, typisch provenzalische Dorf (250 Ew.) am Verdon ist mit einem gekonnten Rückgriff auf die Vergangenheit in der Zukunft des Tourismus angekommen. Knapp 75 km von Castellane entfernt, am südlichen Ende des Stausees von *Ste-Croix*, baute der renommierte britische Architekt Sir Norman Foster ein hypermodernes Museum der Vorgeschichte: Das ★ *Musée de Préhistoire des Gorges du Verdon. Frühling und Herbst Mi–Mo 10–19, Juli und Aug. tgl. 10–20 Uhr | 7 Euro | www.museeprehistoire.com*

COTIGNAC

[124 B5] **Unter einem 80 m hohen Tuffsteinfelsen duckt sich die Altstadt des provenzalischen Dorfes (2000 Ew.), das nach der großen Landflucht zu Beginn des 20. Jhs. eine neue Blüte erlebt.** Künstler und Musiker haben die Dörfer der Region Haut-Var, auf halbem Weg zwischen der A 8 und dem Stausee von Ste-Croix, wiederentdeckt. Cotignac, einst für seine Gerbereien, Ölmühlen und Seidenspinnereien bekannt, ist mit seinem *Insider Tipp* **Markt** *(jeden Di auf dem Cours Gambetta)* zum Treffpunkt geworden.

■ SEHENSWERTES ■

ALTSTADT
Ein schöner Spaziergang führt durch die engen Gassen Cotignacs, die zum *Théâtre de la Verdure*, einem im Sommer für Konzerte und Theateraufführungen genutzten Freilichttheater, führen. Von der Kirche führt der Weg weiter zum ✿ *Tuffsteinfelsen*, in dem eine zweistöckige *Grotte* ausgewaschen ist. Von dort haben Sie einen schönen Ausblick auf das Dorf und die Weinberge im Tal.

■ ESSEN & TRINKEN ■

RESTAURANT DU COURS
Die Einheimischen halten das einfache Restaurant mit großer Sommerterrasse für die beste Küche im Dorf. Es gibt regionale Spezialitäten wie Wachtel *(caille)* oder Kaninchen *(lapin)* nach Großmutterart. *So, Mo geschl. | 18, cours Gambetta | Tel. 04 94 04 78 50 | €*

■ EINKAUFEN ■

Cotignac ist bekannt für Wein, Öl und Honig. **Bienenhonig** gibt es bei *Insider Tipp Ruchers du Bessillon | 2, rte. des Nais* nahe dem zentralen Cours Gambetta.

■ ÜBERNACHTEN ■

DOMAINE DE NESTUBY
Mitten in einem Weinberg etwas außerhalb des Dorfes sind Gästezimmer eingerichtet. *4 Zi. | rte. de Brignoles | Tel. 04 94 04 60 02 | Fax 04 94 04 79 22 | nestuby@wanadoo.fr | € | für Gäste auch Abendessen nach Vorbestellung, €*

■ AUSKUNFT ■

2, rue Bonnaventure | Tel. 04 94 04 61 87 | Fax 04 94 04 61 87

■ ZIELE IN DER UMGEBUNG ■

ABBAYE DU THORONET ★   [124 C6]
Rund 20 km im Süden liegt die älteste der drei Zisterzienserabteien der Provence. Le Thoronet, im 12. Jh. erbaut, ist ein Meisterwerk der provenzalischen Romanik und zeichnet sich durch äußerste Schlichtheit und Präzision aus. Nach der Französischen Revolution wurde der Bau vernachlässigt, die Abtei verfiel. Im 19. Jh. rettete sie aber der Schriftsteller und

Der massig wirkende Kreuzgang der Abbaye du Thoronet

Konservator Prosper Mérimée vor dem völligen Verfall. Seither wurde sie immer wieder restauriert. Beeindruckend sind insbesondere der Kreuzgang, die Kirche und der Kapitelsaal im Klostergebäude. Le Thoronet ist die einzige Abtei, die noch über ein Brunnenhaus verfügt. *April–Sept. tgl. 9–19, Okt.–März 10–13, 14–17 Uhr | 6,50 Euro*

BARJOLS [124 A4]
30 Brunnen tragen zum Charme des Ortes (2200 Ew., ca. 13 km westlich) bei. Lohnend ist ein Spaziergang durch die Dorfmitte mit einer Platane auf dem Rathausplatz mit 12 m Umfang. Auskunft: *bd. Grisolle | Tel. 04 94 77 20 01 | Fax 04 94 77 08 41 | www.ville-barjols.fr*

CORRENS [124 B5]
Insider Tipp

Weinbauer Michel Latz setzte in den 1990er-Jahren auf biologischen Anbau. Sein Beispiel machte bei Gemüsebauern Schule. Correns (700 Ew., 4 km südwestlich), gilt als erstes „Biodorf" in Frankreich. Neu ausgerichtet ist auch die *Auberge du Parc* (*tgl. | pl. Général de Gaulle | Tel. 04 94 59 53 52 | Fax 04 94 59 53 54 | www.aubergeduparc.fr | €€ | auch 6 Zi., €€*). Im Westen des Dorfes fließt der Argens durch den *Vallon Sourn*, *Insider Tipp* eine idyllische Schlucht mit Kletterfelsen. Auskunft: *Hôtel de Ville | Tel. 04 94 37 21 95 | Fax 04 94 37 21 99 | www.correns.fr*

ENTRECASTEAUX [124 C5]
Der kleine Ort (700 Ew., 8 km im Osten) über dem Tal der Bresque ist stolz auf sein imposantes *Schloss* (17. Jh.) und den *Schlossgarten*, der vom Architekten André Le Nôtre angelegt wurde *(Do–Di 11–12.30, 14.30–17 Uhr | 4,50 Euro).*

SALERNES [124 C4]
Seit Jahrhunderten ist Salernes (3000 Ew.), 12 km östlich, ein Zentrum für Keramik. Die sechseckigen *Tomettes*, die roten Fliesen, sind im ganzen Land gefragt. Unternehmer wie *Alain Vagh* (*rte. d'Entrecasteaux | Tel. 04 94 70 61 85 | www.alain* *Insider Tipp*

vagh.fr) lassen ihrer Phantasie freien Lauf und dekorieren damit Rennboote, Autos oder Klaviere. Auskunft: *pl. Gabriel Péri | Tel. 04 94 70 69 02 | Fax 04 94 70 73 34 | www. ville-sa lernes.fr*

SILLANS-LA-CASCADE   [124 B4]
Sorgfältig restauriertes Dorf mit einem *Schloss* aus dem 18. Jh., 6 km von Cotignac entfernt. Eine halbe Stunde geht man zum *Wasserfall*, wo das Flüsschen Bresque über 40 m in die Tiefe stürzt.

VILLECROZE   [124 C4]
Die mittelalterliche Altstadt des Dorfes (1000 Ew., 24 km östlich) wartet mit schönen *Gassen* unter Arkaden auf. Der städtische *Park mit Wasserfall* und einem *Rosengarten* liegt unter einem Tuffsteinfelsen. *Führungen durch die Grotten Juli–Mitte Sept.*

10–12, 14.30–19 Uhr, Mai, Juni und Ostern 14–18 Uhr | 1,50 Euro

ENTREVAUX

[121 E3] **Das Städtchen (800 Ew.) mit der Brücke aus dem 17. Jh. gehört zu den Festungsanlagen, die noch fast im Originalzustand erhalten sind.** Die *Zitadelle* oberhalb der mittelalterlichen Siedlung am Fluss Var wurde von Baumeister Vauban zur fast uneinnehmbaren Burg ausgebaut: Entrevaux lag bis 1860 an der Grenze zwischen Frankreich und der Grafschaft Nizza. Eine Spezialität ist die *secca*, getrocknetes Rindfleisch, das dem Bündner Fleisch der Schweiz ähnelt.

■ SEHENSWERTES

Die *Zitadelle* ist mit einem halbstündigen Fußmarsch zu erreichen. Einen Besuch lohnt auch die *Kathedrale*

Immer schön nach vorn sehen, wenn Sie die Brücke von Entrevaux überqueren

aus dem 17. Jh. mit ihrem großen barocken Portal.

■ ÜBERNACHTEN

VAUBAN
Nach einem Eigentümerwechsel frischer Schwung im einfachen Hotel mit Restaurant. *8 Zi. | 4, pl. Louis Moreau | Tel. 04 93 05 42 40 | Fax 04 93 05 48 38 | €*

■ AUSKUNFT

Porte Royale du Pont Levis | Tel. 04 93 05 46 73 | Fax 04 93 05 40 71 | www.entrevaux.info

■ ZIELE IN DER UMGEBUNG

AIGLUN   [115 F4]
Die gut 25 km lange Strecke zum Bergdorf Aiglun (100 Ew.) im Süden zeigt zwei der beeindruckendsten Klusen in Südfrankreich: die *Clue de Riolan* und die *Clue d'Aiglun*. Die Hauptstraße führt durch einen Torbogen des Gasthauses *Auberge du Calendal (5 Zi. | 1 Schlafsaal | Restaurant Feb., Mi abends, So außerhalb der Hochsaison geschl. | Tel. 04 93 05 82 32 | Fax 04 93 05 85 35 | €).*

GORGES DE DALUIS
GORGES DU CIANS   [121 E–F 1–3]
Insider Tipp

Die Schluchten von Daluis, 14 km nordwestlich von Entrevaux, zeigen auf 7 km Länge die Urgewalt des Flusses Var, der sich zwischen Daluis und Guillaumes tief in leuchtend rotes Felsgestein gegraben hat. Sehenswert auf halber Strecke die Brücke *Pont de la Mariée*, von der der Legende nach eine Braut in den Tod gestürzt ist. Das Bauwerk ist Ausgangspunkt für *Flusswanderungen*

Insider Tipp

und *Canyoningtouren*, die auf jeden Fall in Begleitung eines Führers unternommen werden sollten. Etappenort für Touren ist *Guillaumes* mit den Ruinen des *Schlosses* aus dem 15. Jh. *(Hotel-Restaurant Les Chaudrons | 10 Zi. | Tel./Fax 04 93 05 50 01 | €).*

Über die 1669 m hoch gelegene Skistation Valberg oder auf einem Umweg über das Felsendorf Péone sind die *Gorges du Cians* zu erreichen. Noch wilder als in der Nachbarschlucht ist die Landschaft hier; die D 28 windet sich durch ein halbes Dutzend Tunnels und öffnet immer wieder neue Aussichten auf die grandiose Natur. Informationen und Führungen durch beide Schluchten im *Maison de Pays | N 202 | Puget-Théniers | Tel./Fax 04 93 05 05 05 | www.provence-val-dazur.com; Auskunft Guillaumes: Mairie | Tel. 04 93 05 57 76 | Fax 04 93 05 54 74 www.pays-de-guillaumes.com*

TRAIN DES PIGNES ★   [121 D–F3]
An den Wochenenden von Mitte Mai bis Ende Oktober erlebt der „Pinienzapfenzug" eine Renaissance auf der abenteuerlichen Eisenbahnstrecke von Nizza nach Digne. 1,5 Stunden braucht die Dampflokomotive, um ihre historischen Holzwaggons von Puget-Théniers nach Annot zu befördern. Zurück geht es in 1 Stunde. *Reservierungen Gare des Chemins de Fer de la Provence | 4 bis, rue Alfred Binet | Nizza | Tel. 04 97 03 80 80 | Fax 04 97 03 80 01 | www.trainprovence.com oder Gare d'Annot | Tel./Fax 04 92 83 20 26 | www.annot.com | Hin- und Rückfahrt 17,50 Euro*

> UNTERWEGS AUF KÜSTENPFADEN UND TRAUMSTRASSEN

Erleben Sie ungeheure Vielfalt und atemberaubende Kontraste

Die Touren sind auf dem hinteren Umschlag und im Reiseatlas grün markiert

1 VON ANTIBES ÜBER GRASSE ZURÜCK ANS MEER

Rosen und Veilchen, Orangen und Zitronen, Ginster und Mimosen. Die Region um Grasse ist das Land der Düfte, die Stadt selbst Mittelpunkt einer Route, die auf knapp 110 km an zwei bis drei Tagen alle Kontraste der Côte d'Azur wie unter einer Lupe bietet: Wilde Schluchten und Bergdörfer in atemberaubender Höhe, Tempel der modernen Kunst von Weltruf,

blaues Meer mit gepflegten Sandstränden, mittelalterliche Burgen und moderne Feriensiedlungen, Großstadttrubel und menschenleere Wälder.

Der Blick beim Start in Antibes (S. 52) auf der Festungsmauer unweit des Musée Picasso (S. 54) im alten Grimaldi-Schloss ist einfach überwältigend: Das blaue Meer der Engelsbucht, daneben die futuristische, pyramidenförmige Feriensiedlung *Marina Baie des Anges* von 1970, die

Bild: Blick auf das Picasso-Museum im Grimaldi-Schloss in Antibes

AUSFLÜGE & TOUREN

Silhouette von Nizza und darüber die Gipfel der Seealpen.

Ein gutes, einfaches Mahl im **Le Safranier** *(S. 55)* rüstet für den Weg in die Berge. Über **Cagnes-sur-Mer** *(S. 46)* geht es die 10 km nach **St-Paul-de-Vence** *(S. 51)*, mit der Fondation Maeght einer der bekanntesten Wallfahrtsorte für die Anhänger moderner Kunst. Die Künstler haben ihre Spuren mit Bildern im Spitzenrestaurant **La Colombe d'Or** *(S. 51)* hinterlassen.

Gleich nach Vence wird die Landschaft an der D 2210 über **Tourrettes-sur-Loup**, der Hauptstadt der Veilchen mit einer wunderschönen Altstadt, wildromantisch. Ein Halt an der von Deutschen im Jahr 1944 gesprengten Brücke über den Fluss lohnt sich in **Pont-du-Loup**: Die *Confiserie Florian (tgl. 9–12, 14–18.30 | im Sommer 9–18.30 Uhr | www.confiserieflorian.com | kein Eintritt | Führung auch in deutscher Sprache)*

Insider Tipp

zeigt, was geschickte Hände aus Veilchenblüten, Rosenblättern oder Südfrüchten an Konfitüren, Bonbons oder anderen süßen Köstlichkeiten herstellen können.

Der Kalorienschock gibt genug Energie, um sich in die Schluchten des Flusses Loup zu wagen. Die **Cascade de Courmes**, ein 70 m hoher Wasserfall, entschädigt für den Umweg und führt zum ✲ Felsendorf **Gourdon** *(S. 63)* mit atemberaubendem Blick, aber mit allen Nachteilen, die ein auf Tourismus ausgerichtetes Nest mit Dutzenden von Souvenirläden und Kunsthandwerkern mit sich bringt.

Grasse *(S. 60)*, seit dem 17. Jh. die Welthauptstadt der verführerischen Düfte, ist mit seinen Spitzenrestaurants und Hotels ideal für einen Zwischenaufenthalt. Feinschmecker kommen in den Delikatessengeschäften auf ihre Kosten. Drei Adressen sind empfehlenswert: Das Familienunternehmen **Vallauri** *(2, rue D. Conte | Tel. 04 93 36 59 26)* lockt jeden Samstag im Sommer zur Verkostung regionaler Produkte wie Öl, Wein oder Konfitüre. Ebenfalls auf Gourmets spezialisiert hat sich John Buty im **Palais des Olives** *(bd. du Jeu du Ballon | Tel. 04 93 36 57 73 | www.palais-des-olives.com)*.

Nach den Appetitanregern ist Handfestes gefragt. Ein Menü einheimischer Spezialitäten bietet **Le Moulin de Sault** *(Mo geschl. | rte. de Cannes | Auribeau-sur-Siagne | Tel. 04 93 42 25 42 | €€)* in einer ehemaligen Olivenölmühle aus dem 15. Jh. knapp 5 km im Süden von Grasse. Danach empfiehlt sich ein Spaziergang in **Auribeau**, einem Dorf aus dem 12. Jh. (2600 Ew.) am Rand des Tan-

neron-Gebirges mit seinen Mimosenwäldern, das noch nicht vom Tourismus dominiert wird.

Weniger Charme hat **Mouans-Sartoux** (10 500 Ew.) auf dem Weg zurück ans Meer zu bieten, aber das Städtchen, das als einziges in der Region von einem Bürgermeister der Grünen Partei verwaltet wird, hat neben seinem mittelalterlichen Schloss in Dreiecksform aus dem 16. Jh. einen grell-grünen Trumpf aus dem 21. Jh. zu bieten: Die Schweizer Künstler Sybil Albers und Gottfried Honegger haben Mouans-Sartoux ihre in Frankreich einzigartige Sammlung konkreter Kunst vermacht und dafür 2004 von den Züricher Architekten Annette Gigon und Mike Guyon einen 26 m hohen, grün gestrichenen *Museumsturm* für die Arbeiten von Daniel Buren, Max

Insider Tipp

Vallauris: So schön kann Keramik sein

Bill, Joseph Beuys, Yves Klein, Imi Knoebel, Ulrich Rückriem oder Georg Karl Pfahler bekommen *(Espace de l'Art Concret | Château de Mouans | Di–So 11–18, im Hochsommer tgl. 11–19 Uhr | www.crdp.ac-nice.fr/eac | 3 Euro)*.

Nur ein Katzensprung ist es nach **Mougins** *(S. 59)*, das noch einmal mit der exquisiten Mischung von Gastronomie, Golfplätzen, Galerien und dem Pablo Picasso gewidmeten Photographiemuseum zu einem längeren Halt verführt.

Über das von Picasso geprägte Keramikzentrum **Vallauris** *(S. 59)* führt Sie der Weg aus dem Land der Düfte und der Feinschmecker schließlich zurück nach Antibes ans Meer.

Wanderers Belohnung: Tolle Ausblicke

2 KÜSTENWANDERWEG AUF DER HALBINSEL VON ST-TROPEZ

Der sentier littoral, der gelb markierte, 19 km lange Küstenwanderweg von Cavalaire auf Cap Camarat auf der Halbinsel von St-Tropez, ist mehr als nur ein Symbol für Umweltbewusstsein im Département Var, das die meisten Touristen nach Südfrankreich lockt. Die Wanderung durch wilde, romantische Landschaft dauert knapp 6 Std. Wer zwischendurch baden will, sollte Badebekleidung und Handtuch mitnehmen.

Ausgangspunkt für den Wanderweg mit Blick auf Himmel und Meer ist das **Denkmal zur Landung der Alliierten** am 15. Aug. 1944 im äußersten Osten des Strandes von La Croix-Valmer. Von dort geht es bis zur Pointe de la Bouillabaisse. Der *sentier littoral*, einst fast ausschließlich von den Zöllnern benutzt, führt durch felsiges Gelände durch einen Mimosenwald

bis zum Strand von **Héraclée**. Im Sommer ist es überhaupt kein Problem, durch das praktisch trockene Bachbett im Valescure-Tal zum beliebten **Gigaro-Strand** *(le Mas de Gigaro)* zu kommen. Der dann folgende Weg ist Eigentum des *Conservatoire du Littoral*, einer staatlichen Organisation, die sich seit 1975 den Schutz der Küste vor Zersiedlung auf die Fahne geschrieben hat. Der 290 ha große Küstenstreifen vom Mas du Gigaro bis zur Halbinsel Cap Taillat ist heute ein öffentlich zugängliches Schutzgebiet. Seit 1978 aufgegeben sind die Pläne, am Südzipfel der Halbinsel von St-Tropez eine Feriensiedlung mit Yachthafen zu bauen. Der Felsen mit den Aleppokiefern- und Korkeichenwäldern bleibt weiterhin ein Nistplatz für Schwarzdrosseln, Grünspechte, Spatzen oder Seemöwen.

Auch ungeübte Wanderer schaffen ohne Probleme den Aufstieg zur 150 m hohen **Pointe Andati**, auf der noch die Reste eines Leuchtturms zu

Badepause: Der sentier littoral führt am Strand von L'Escalet vorbei

sehen sind. Wer beim Wandern eine Badepause machen möchte, muss noch das **Cap Lardier** umrunden. Die Geduld wird belohnt, entweder am Strand der **Bastide Blanche** oder, einen knappen Kilometer weiter, zu beiden Seiten der Halbinsel mit dem *Cap Taillat.* Dort gibt es sogar einen kleinen Sandstrand. Noch bis weit in den Herbst hinein räkeln sich Sonnenanbeter auf den Felsen, auf denen sich einst der Zoll sein festes Domizil gebaut hatte.

Insider Tipp

Zwischen zwei Felsen führt der *sentier littoral* hoch über idyllische, auch im Sommer nie von Touristen überfüllte Badebuchten zum Strand von **L'Escalet**, der mit dem Auto von St-Tropez aus erreichbar ist. Das Touristenzentrum lässt grüßen, die ersten Wohnsiedlungen tauchen auf. Von der wunderschönen ☼ Aussichtsplattform des sich anschließenden **Cap Camarat** sieht man bei klarem Wetter im Norden die Bergkette des Mercantour in den Seealpen. Das Cap ist Eigentum des Conservatoire du Littoral und damit vor Immobilienspekulation geschützt. Vom Cap Camarat aus ist der Weg bis in die Ge-

filde von St-Tropez ebenfalls als *sentier littoral* ausgewiesen. Vom Parkplatz des Leuchtturms *(phare)* aus führt der Küstenwanderpfad hinter der **Pointe de la Bonne Terrasse** zum 3 km langen Strand von **Pampelonne** mitten hinein in das mondäne Badeleben des berühmten Hafenstädtchens.

3 FREIZEITSPORT IM TAL DER ROYA

Selbst im Sommer verschafft ein Ausflug von Menton ins Tal der Roya kühle Luft. Das Hinterland der Côte d'Azur erwacht. Das Tal hat die Infrastruktur für Sportangebote ausgebaut. Kajakfahren, Canyoning, Wandern im Nationalpark, Klettern auf einer Via Ferrata, sogar Golfspielen – auf knapp 30 km einfacher Strecke ist alles möglich. Für die Anfahrt von Menton aus über Ventimiglia oder Sospel sind noch einmal 40 km zu veranschlagen. Dauer: 1–2 Tage, für jene, die Sport treiben wollen, entsprechend länger.

Von **Menton** *(S. 36)* aus führt die kurvenreiche D 2566 durch das Vallée du Caraï nach **Sospel**. Das Wahrzeichen der zweitgrößten Stadt der

Grafschaft Nizza ist die Brücke aus dem 15. Jh., früher eine Mautstelle an der *Route du Sel,* der Salzstraße. Die Brücke wurde im Zweiten Weltkrieg zerstört, 1953 aber mit Steinen aus dem Bett des Bévéra-Flusses neu aufgebaut. Sehenswert ist die Kathedrale *St-Michel* auf einem Platz, der von mittelalterlichen Arkadenhäusern umgeben ist. Von Sospel führt die D 2204 über den 879 m hohen Col de Brouis an das Ufer der Roya.

Ausgangspunkt für die Sporttour im Roya-Hochtal ist **Breil-sur-Roya**. Das Dorf liegt an beiden Ufern des Bergflusses, der hier zu einem künstlichen See aufgestaut ist. Das lokale Verkehrsamt *(Pl. Biancheri | Breil | Tel. 04 93 04 99 76 | Fax 04 93 04 99 80 | www.breil-surroya.fr)* vermittelt Kajakkurse oder Canyoning-Ausflüge in die Schluchten der Umgebung. Ein paar Kilometer flussaufwärts liegt der Ort **Saorge** *(S. 82)*, eines der schönsten französischen Felsendörfer. Von Saorge aus kann man schöne Wanderungen im **Nationalpark des Mercantour** *(S. 82)* unternehmen.

Letzter Schrei in Sachen Abenteuer in den Südalpen ist die *Via Ferrata,* italienischer Ausdruck für Kletterrouten in Schwindel erregender Höhe, die voll ausgestattet sind mit Steigeisen, Leitern, Stegen und Brücken. Hoch über dem Bergdorf **Tende** ist zwischen zwei Felsen der 20 m lange und 40 cm breite Steg schon von weitem als Wahrzeichen der **Via Ferrata des Comtes Lascaris** zu sehen.

Den unvergleichlichen Charme der Bergwelt hat für Golfgenießer, die beim Einputten nicht unbedingt das Meer sehen wollen, der Golfplatz von **Vievola** *(Tel. 04 93 04 88 91 | www.golf-vievola.com)* zwischen Tende und der italienischen Grenze, der allerdings nur als 9-Loch-Anlage betrieben wird. Zurück an die Küste nach Menton führt der schnellste

Letzte Station vor Italien: Hafen und Altstadt von Menton

Weg von Breil-sur-Roya über die französische N 204 zur Grenze und die italienische N 20 über Ventimiglia. Am Meer entlang über die Via Aurelia kommen Sie zurück nach Frankreich.

EIN TAG IN UND UM NIZZA

Action pur und einmalige Erlebnisse.
Gehen Sie auf Tour mit unserem Szene-Scout

BREAKFAST-SHOPPING

9:00

Picknick-Frühstück am Meer – gibt's was Schöneres? Vor dem Walk zum Strand über den Markt Cours Saleya schlendern und bei den Boulangerie-Ständen den Picknickkorb mit den duftenden Leckereien füllen. Das muss unbedingt mit: deftiges Pan Bagnat mit Oliven und Sardellen sowie süße Cannelé Bordelais – wenn die Törtchen innen weich und außen knusprig sind, sind sie perfekt! **WO?** *Altstadt, Cours Saleya | Di–So 7–13 Uhr*

11:00

MEERESTREIBEN

Ausgiebig gefrühstückt? Dann steht nach einer 30-minütigen Autofahrt einem Trip auf dem Glasbodenboot nichts mehr im Wege! Freie Sicht auf Seeigel,

Seesternchen und die schillernden Meeresbewohner. Wer sich vom Blick nach unten losreißen kann, sieht vor sich Croisette, Cap d'Antibes und die luxuriöse Hotelmeile liegen. Sensationell! **WO?** *Mer et Vision, Embarcadère Courbet | Tel. 0493 67 02 11 | 12 Euro | www.visiobulle.com*

CRÉATIVE EN DETAIL

14:00

Zurück in die City und schon mal eine große Portion Kreativität bereithalten. Bei *Monic Pereira-Mosaïque* holt man sich beim Bestaunen der Mosaike auf Vasen und Tellern künstlerischen Input. Anschließend gehts auf zum Designerworkshop. Dort werden die kleinen, bunten Steine selbst angeklebt und ein ganz persönliches Mosaik kreiert. **WO?** *4, Rue Droite | Anmeldung nötig: Tel. 0493 80 36 65 | Preise und Termine auf Anfrage | Öffnungszeiten: Di–Sa 10–18 Uhr*

ROMANTISCH LUNCHEN

16:00

Das *Don Camillo* ist der Dating-Hotspot der Verliebten! Emotionen fließen lassen – und einen Funkenflug an kulinarischer Raffinesse genießen: gefüllte Meerbarben à la niçoise oder zarten Braten mit Fenchelsalat – daran muss man doch sein Herz verlieren! **WO?** *5, Rue de Ponchettes | Tel. 0493 85 67 95 | So und Mo nachmittag geschlossen | www.doncamillo-creations.fr*

24 h

MAN LÄSST RADELN

17:00

Nicht rauf aufs Rad, sondern rein ins Rad. Bei einer Cyclotour steigt man ins überdachte Gefährt ein und lässt strampeln. Vergleichbar mit einem Taxi, kann man den Weg selbst bestimmen. Also Beine ausstrecken und einmal quer durch Nizza bitte. **WO?**

Cyclo rufen unter Tel. 0826 10 00 03 | Preis: 1 Euro pro Kilometer | www.cyclopolitain.fr

19:00

CRÊPES TOUJOURS

Back to Nizza und sich den Genüssen der französischen Küche hingeben: In der ungewöhnlichsten Crêperie der Côte genießt man zwischen Plastik-Lianen Crêpes der Sonderklasse. Wie wärs mit Maronencreme und Käse oder Sahne und Nutella zwischen hauchdünnen Teigwänden? **WO?** *Tat ô Titon, 9, Rue Chauvain | Tel. 0493 92 58 17*

MACHS WIE DIE FRANZOSEN

20:00

Die Kugel liegt kühl in der Hand und soll der Zielkugel, dem so genannten Schweinchen, möglichst nahe auf die Pelle rücken. Beim *Boule* muss man Geschicklichkeit und Ballgefühl beweisen. Wer sein Glück versuchen will, geht auf den *Boule*-Spielplatz. Nur keine Zurückhaltung und ran an die Bälle! **WO?** *125, Bd. de Cessol*

21:00

NICE DINNER

Schick, schicker, am schicksten: Das Dinner im superstylishen *Le Bâoli* einnehmen und dabei den VIPs zuprosten: Das Restaurant mit orientalischer Bar ist während der Filmfestspiele von Cannes der Hotspot der Promis! **WO?** *Port Pierre Canto, Bd. de la Croisette, Cannes | www.lebaoli.com*

88 SÜSSE SORTEN

24:00

Süße Gelüste? Nichts wie rein in Nizzas berühmteste Eisdiele und vor der Eistheke in Entscheidungsnöte kommen: Welche der 88 Eis- und Sorbetsorten ist wohl die köstlichste? Schwarze Olive vielleicht oder doch lieber Tomate-Basilikum? **WO?** *Glacier Fenocchio, Place Rosetti | Tel. 0493 80 72 52 | www.fenocchio.fr*

> PARADIES FÜR SPORTBEGEISTERTE

Meer und Strand, Flüsse und Cañons – die Côte d'Azur ist ein spannendes Terrain für viele Sportarten

> **Reißende Flüsse, die durch tiefe Täler fließen, schroffes Hochgebirge mit ewigem Schnee, Meer und Inseln, menschenleere Landschaften und Golfplätze mit Blick auf blaues Wasser: Die Côte d'Azur und ihr Hinterland sind ein Paradies, um alle denkbaren Sportarten zu betreiben.**

Amateure und Profis, von Wassersportlern über naturliebende Wanderer und ehrgeizige Bergsteiger bis hin zu begeisterten Golfern: Alle kommen auf ihre Kosten. Den besten Überblick über Sportaktivitäten an der Küste und im Hinterland geben die regionalen Tourismuskomitees in Nizza, auf Französisch und Englisch unter *www.guideriviera.com* und *www.decouverte-paca.fr*

CANYONING

Schwimmen, Laufen, Springen, Abseilen, Klettern und sogar Tauchen: Das alles verbindet diese Sportart, Eine Gruppe Abenteuerlustiger han-

Bild: Kletterer in den Alpes Maritimes

SPORT &
AKTIVITÄTEN

gelt sich durch Schluchten, überwindet Berge und durchquert Bäche. Die Touren können eine Stunde oder mehrere Tage dauern. Das Hinterland der Côte d'Azur bietet dafür beste Voraussetzungen. Klassiker sind die Touren in den Schluchten des Verdon wie der *Canyon de la Mainmorte*, bei dem als Höhepunkt das Abseilen aus 45 m Höhe in die grünen Fluten des Verdon auf dem Programm steht *(Anmarsch 20 Min. | Dauer 3 Std. | Rück-kehr durch das Flussbett 5 Std.)*. Ebenso berühmt sind Touren bei Saorge im Roya-Tal: *La Maglia* mit der Passage durch eine Grotte *(Dauer: 4 Std. plus 1 Stunde An- und Abmarsch)* oder die 15 km lange *Bendola Intégrale* mit einem Höhenunterschied von 1400 m, für die zwei Tage anzusetzen sind. Für Anfänger und Fortgeschrittene ist das Tal des Estéron bei Aiglun mit der *Clue des Mujouls*, der *Clue de St-Auban* und der *Clue d'Aiglun* zur Krönung empfehlenswert.

Informationen über Canyoning im Verdon beim *Comité Départemental du Tourisme | 19, rue du Docteur Honnorat | Digne-les-Bains | Tel. 04 92 31 57 29 | Fax 04 92 32 24 94 | www.alpes-haute-provence.com.* Tourenvorschläge in der französischen Broschüre *Descente de Canyon* von B. Gorgeon, E. Olive und P. Todjman. Über Canyoning im Département Alpes-Maritimes gibt es Informationen beim *Conseil Général 06 | Nizza | www.cg06.fr*, der den Tourenführer *Clues et Canyons* herausgibt.

■ GOLF ■
Golf hat an der Côte d'Azur Tradition. 1891 gründete der russische Großherzog Michael den *Golf Country Club* von Cannes-Mandelieu *(www.golfold course.com | Green Fees 70 Euro/Woche).* Besonders schön sind zwei Plätze im Hinterland von Cannes, der *Royal Mougins (www.royalmougins.fr | Green Fees 160 Euro/Woche)* und *Claux Amic* in Grasse *(www.clauxamic.com | Green Fees 60 Euro/Woche).* Die deutschsprachige Broschüre *Golf Destination* gibt es beim *Comité Régional du Tourisme Riviera–Côte d'Azur (S. 109).*

■ KLETTERN ■
Für Extremkletterer in Europa sind die Schluchten des Verdon das Maß aller Dinge. Knapp tausend Strecken aller Schwierigkeitsgrade sind in den grauen und gelben Kalkfelsen eingerichtet. Kultstatus hat die *Falaise de l'Escalès*, eine 300 m hohe, senkrechte Wand ohne einen einzigen Felsvorsprung zum Ausruhen. Für Anfänger und Fortgeschrittene bieten sich die Sandsteinfelsen von *Annot* oder die roten Wände bei *Roquebrune-sur-Argens* an. Einen Vorgeschmack aufs Hochgebirge geben die Felswände im oberen *Tal des Var.* Infos über den Verdon gibt es beim *Comité Départemental du Tourisme | 19, rue du Docteur Honnorat | Digne-les-Bains | Tel. 04 92 31 57 29 | Fax 04 92 32 24 94 | www.alpes-haute-provence.com,* für die Südalpen beim *Comité Régional du Tourisme Riviera–Côte d'Azur (S. 109).*

■ SEGELN ■
An der Küste zwischen Hyères und Monaco gibt es über ein halbes Dutzend Häfen, die mehr als tausend Anlegeplätze bieten: Hyères, La Londe, Le Lavandou, St-Raphaël, Cannes, St-Laurent-du-Var und Antibes. Informationen gibt es beim Seglerverband, der *Fédération Française de Voile | 55 av. Kléber | Paris | Tel./Fax 01 48 89 39 89,* in allen Häfen oder unter *www.francenautisme.com.*

■ TAUCHEN & SCHNORCHELN ■
Felsenküste, klares Wasser und Fischreichtum locken Taucher und Schnorchler an: Vor der kleinen Insel Port-Cros ist ein *Unterwasserweg für Schnorchler* angelegt *(Bureau d'Informations du Parc | Port-Cros | Tel. 04 94 01 40 72 | Fax 04 94 01 40 71).*

Wer tiefer hinunter will ist an den felsigen Küsten der Halbinsel Giens, der Halbinsel von St-Tropez sowie vor La Napoule und Cannes, aber v. a. in St-Raphaël gut aufgehoben. Vor der Esterel-Küste liegen Dutzende von Schiffs- und Flugzeugwracks auf dem Meeresgrund, z. T. nicht einmal 20 m

Insider Tipp

Golffans haben die Côte d'Azur schon lange für sich entdeckt

unterm Wasserspiegel. Informationen über die knapp 140 lokalen Tauchclubs bei der *Fédération Française d'Etudes et de Sports Sous-Marins | 24, quai de Rive-Neuve | Marseille | Tel. 04 91 33 99 31 | Fax 04 91 54 77 43*. Deutsche Infos unter: *www.europe andiving.com*

■ VIA FERRATA

Auf den *Via Ferrata*, den z.T. mit eisernen Stufen, Geländern und Haltegriffen ausgestatteten Klettersteigen, lässt sich Alpinismus, Klettern und Wandern miteinander verbinden. Ohne großes Training, aber mit professioneller Ausrüstung können Schwindelfreie sicher steile Felsen hochklettern, sich über einen *Pont de Singe*, eine Affenbrücke, über Schluchten hangeln. Es empfiehlt sich, für die erste Tour einen Führer zu engagieren. Die **Via Ferrata du Baou de la Frema** in Colmiane-Valdeblore *(www.colmiane.com)* ist für Einsteiger ideal. Die *Via Ferrata des Comtes de Lascaris* in Tende führt zu den histori-

Insider Tipp

schen Wurzeln des Bergdorfes an der Grenze zu Italien. Neu eingerichtet sind die Kletterwege in Peille und Puget-Théniers. Infos bei den örtlichen Fremdenverkehrsämtern oder beim *Comité Régional du Tourisme Riviera–Côte d'Azur (S. 109)*

■ WANDERN

Die alten Zöllnerpfade erleben als Wanderwege *(sentier littoral)* eine Renaissance. Eine Auswahl der schönsten im Département Var ist in der Broschüre „PR: Le Var, la côte varoise et les îles – les chemins de la découverte" zusammengestellt, die vom französischen Wanderverband *Fédération Française de la Randonnée Pédestre (Centre d'Information | 14, rue Riquet | Paris | Tel. 01 44 89 93 90 | Fax 01 40 35 85 67 | www.ffrandonnee.fr)* herausgegeben wurde. Dort bekommt man auch detaillierte Karten für die sechs großen GR, die *Grandes Randonnées*, die in den Alpes Maritimes durchs Gebirge führen.

> www.marcopolo.de/cotedazur

> GROSSER SPASS FÜR KLEINE LEUTE

Strandleben, Abenteuerparks und Museen machen die Côte d'Azur für Kinder zu einer riesigen Spielwiese

> Gar kein Zweifel: Für Kinder ist das Mittelmeer eine einzige große Spielwiese. An der Küste sind mittlerweile auch die Kleinen Könige: Abenteuerparks, zoologische Gärten und außergewöhnliche Museen machen die Ferien auch dann interessant, wenn es einmal regnen sollte.

Aber nicht nur am Meer, sondern auch im Hinterland richtet man sich auf die kleinen Kunden ein: Wassersport in Flüssen oder Seen macht dem Nachwuchs Spaß.

◼ MONACO UND UMGEBUNG ◼

KOALAND MENTON [123 E5]

Vergnügungspark mit Tieren und Achterbahn. *5, av. de la Madone | Mi–Mo 10–12, 14–19, Juli/ Aug. tgl. 10–12, 15–24 Uhr | Eintritt frei | Einzelangebote über Jetons (1,10 Euro, 16 Jetons 11 Euro) | www.azurpark.com*

JARDIN ANIMALIER MONACO [123 D6]

Affen, Schlangen und Jaguare sind die Stars im 1954 angelegten Park

MIT KINDERN REISEN

auf den Terrassen von Fontvieille. *Tgl. 10–12, 14–17, im Sommer 9–12, 14–19 Uhr | 4 Euro, Kinder 2 Euro*

MUSÉE OCÉANOGRAPHIQUE [123 D6]

Da staunen nicht nur die Kinder, wenn sie das 20 m lange Skelett eines Finnwals im großen Saal des Ozeanografischen Museums sehen. Zum Greifen nah sind auch die Fische hinter den dicken Glasscheiben der Aquarien. *Av. St-Martin | April–* *Sept. tgl. 9–19, Juli/Aug. bis 20, Okt.–März 10–18 Uhr | 11 Euro, Kinder 6 Euro | www.oceano.mc*

NIZZA UND UMGEBUNG

PARC PHOENIX NIZZA [127 E2]

Exotische Tiere und Vögel und tropische Pflanzenwelt unter einem der größten Gewächshäuser Europas. Für Kinder, die eine Pause vom Strandleben brauchen. *405, promenade des Anglais | tgl. 9.30–19, im*

Winter bis 17 Uhr | 2 Euro, Kinder
bis 12 Jahre gratis

ZOO CAP FERRAT [127 F2]

Im Zoo leben Krokodile, Bären,
Raubtiere, Affen und Papageien mitten in tropischer Vegetation. *Westseite
der Halbinsel | tgl. 9.30–19, im Winter
bis 17.30 Uhr | 13 Euro, Kinder 9
Euro | www.zoocapferrat.com*

CANNES UND UMGEBUNG

MARINELAND ANTIBES [127 D3]

In einem der größten Vergnügungs-
parks Europas sind Delphine, Orkas,
Pinguine und Haie in riesigen Becken zu bewundern *(tgl. 10–18, im
Sommer teils bis 24 Uhr | 34 Euro,*

Ein riesiges Vergnügen: Marineland in
Antibes

Kinder von 3–12 Jahren 25 Euro).
Weitere Attraktionen sind Einrich-
tungen wie *Adventure Golf*, ein Mini-
golfplatz *(Mi, Sa, So 10–19 Uhr | 10
Euro, Kinder 8 Euro), La Petite
Ferme*, ein Bauernhof *(tgl. 10–17
Uhr | 13 Euro, Kinder 10 Euro).* Spe-
zialtarife, wenn Angebote kombiniert
werden. Auskunft: *Marineland | Tel.
08 92 30 06 06 | www.marineland.fr*

STATION NAUTIQUE ANTIBES [123 D4]

Einen speziellen Kurs für „Leichtma-
trosen" von 5–8 Jahren bietet das
Wassersportzentrum Antibes–Juan-
les-Pins an. Während eines 6-tägigen
Kurses *(ca. 100 Euro)* wird eine Ein-
führung in die Segelpraxis, Windsur-
fen und Babywasserski gegeben.
*Information im Maison de Tourisme |
11, pl. Général-de-Gaulle | Tel.
04 92 90 53 00 | Fax 04 92 90 53 01 |
www.antibes-juanlespins.com*

DIE WESTLICHE KÜSTE

AQUATICA FRÉJUS [126 A6]

Eines der größten Spaßfreibäder der
Region an der RN 98 bei Fréjus.
*RN 98 | Juni–Sept. tgl. 10–18, Juli/
Aug. bis 19 Uhr | 23 Euro, Kinder
unter 1 m Eintritt frei, über 1 m
18 Euro | www.parc-aquatica.com*

SAFARIPARK FRÉJUS [126 A5]

Rund 5 km nördlich der Stadt leben
Raubkatzen, Elefanten, Affen, aber
auch Flamingos, Geier und Papageien. *Tgl. 10–17, im Sommer bis 18
Uhr | 10 Euro, Kinder bis 10 Jahre 6
Euro | www.zoo-frejus.com*

STATION VOILE ST-RAPHAËL [126 B6]

Am Strand von Cap Dramont gibt es
eine Fülle von Angeboten für Kinder:

MIT KINDERN REISEN

Kleine Optimisten: Spezielle Kurse machen Kinder mit dem Segeln vertraut

Segel-, Tauch- oder Kajakschule. Auskunft: *Office du Tourisme | rue Waldeck-Rousseau | Tel. 04 94 83 85 40 | Fax 04 94 83 85 40 | www. saint-raphael.com*

VILLAGE DES TORTUES GONFARON [128 C3]

Am Fuß des Massif des Maures leben Hunderte von Hermann-Landschildkröten unter wissenschaftlicher Betreuung in der freien Natur. *2 km außerhalb des Dorfes an der D 75 | März–Ende Nov. tgl. 9–19 Uhr | 8 Euro, Kinder 5 Euro*

■ DAS HINTERLAND

COLMIANE FOREST [122 B2]

In unmittelbarer Nähe der Via Ferrata in Colmiane-Valdeblore der erste Abenteuerwald im Département Alpes-Maritimes mit 30 verschiedenen Übungen zum Felsenklettern. Für Kinder ab 5 Jahren gibt es einen speziellen Parcours. *Im Sommer tgl. 9–17 Uhr | Tel. 04 93 02 83 54 | www.colmiane.com | 10 Euro | Reservierung erforderlich*

KAJAKFAHREN AUF DEM VERDON [124 C2]

Am Ausgang der Verdon-Schlucht bei Moustiers-Ste-Marie und auf dem Stausee Ste-Croix hat sich das Wassersportzentrum *Station Voile* auf den Kajakunterricht für Anfänger und Kinder spezialisiert. Auskunft: *Comité Départemental du Tourisme | 19, rue Docteur Honnorat | Digne-les Bains | Tel. 04 92 31 57 29 | Fax 04 92 32 24 94 | www.alpes-haute-provence.com;* Auskunft zu Tretboot- und Kanuverleih: *MYC Plage (Mai–Sept. | plage du Galetas | Tel. 04 94 70 22 28), La Cadeno (das ganze Jahr über | Club Nautique St-Saturnin), Moustiers-Ste-Marie (Tel. 04 92 74 60 85 | http://lacadeno.free. fr)*

KANUFAHREN IN BREIL-SUR-ROYA [123 E3]

In Breil-sur-Roya ist der Wildwasserfluss aufgestaut – eine ideale Trainingsfläche für Kinder. Auskunft: *Office du Tourisme | pl. Biancheri | Tel. 04 93 04 99 76 | Fax 04 93 04 99 80 | www.breil-sur-roya.fr*

> VON ANREISE BIS ZOLL

Urlaub von Anfang bis Ende: die wichtigsten Adressen und Informationen für Ihre Côte d'Azur-Reise

ANREISE

AUTO

Aus Deutschland führt die schnellste Route über Karlsruhe–Freiburg–Mulhouse–Lyon–Aix-en-Provence. Mehr Zeit braucht die Strecke Basel–Genf–Grenoble und die Route Napoléon über Digne-les-Bains und Grasse an die Küste. Urlauber aus Bayern und Österreich können die Côte d'Azur auch über die Brenner-Autobahn, dann über Mailand und Genua erreichen. Auf den französischen *(péage)* und italienischen Autobahnen sowie über den Brenner werden Mautgebühren erhoben; auf den Schweizer Autobahnen zahlt man eine Jahresgebühr für die Vignette. In der französischen Sommerferienzeit Mitte Juli bis Mitte August ist es ratsam, den Samstag als Anreisetag zu vermeiden. Dann sind kilometerlange Staus die Regel. Im Sommer verkehren Autozüge von Hamburg und Düsseldorf über Avignon nach Fréjus an der Côte d'Azur. Avignon ist auch Ziel der Autozüge aus Berlin, Hildesheim oder Neu-Isenburg *(www.dbautozug.de)*.

BAHN

Zwischen Fréjus und Menton verläuft die Bahnlinie Marseille–Toulon–Genua entlang der Küste. Hyères ist durch eine Stichbahn mit Toulon verbunden. Die zeitlich kürzeste Strecke ist die über Paris; der Hoch-

> WWW.MARCOPOLO.DE

Ihr Reise- und Freizeitportal im Internet!

> Aktuelle multimediale Informationen, Insider-Tipps und Angebote zu Zielen weltweit ... und für Ihre Stadt zu Hause!

> Interaktive Karten mit eingezeichneten Sehenswürdigkeiten, Hotels, Restaurants etc.

> Inspirierende Bilder, Videos, Reportagen

> Kostenloser 14-täglicher MARCO POLO Podcast: Hören Sie sich in ferne Länder und quirlige Metropolen!

> Gewinnspiele mit attraktiven Preisen

> Bewertungen, Tipps und Beiträge von Reisenden in der lebhaften MARCO POLO Community: *Jetzt mitmachen und kostenlos registrieren!*

> Praktische Services wie Routenplaner, Währungsrechner etc.

Abonnieren Sie den kostenlosen MARCO POLO Newsletter ... wir informieren Sie 14-täglich über Neuigkeiten auf marcopolo.de!

Reinklicken und wegträumen!
www.marcopolo.de

PRAKTISCHE HINWEISE

geschwindigkeitszug TGV braucht weniger als 3 Std. bis Marseille, von dort geht es weiter nach Toulon, Les Arcs und St-Raphaël bis nach Nizza. Für den TGV unbedingt reservieren *(www.sncf.com)*. Länger dauert die Bahnfahrt über Basel, Genf und Lyon oder über Mailand, Turin und Genua. Zwischen Grasse und Cannes verkehrt der Regionalzug (TER) und verbindet das Hinterland direkt mit der Côte d'Azur bis nach Nizza.

FLUGZEUG

Zentraler Flughafen ist ✈ Nice-Côte d'Azur *(www.nice.aeroport.fr)*, den alle großen Airlines ansteuern, auch die Billigflieger mit Direktverbindungen nach Berlin, Köln, Düsseldorf, Frankfurt/Main, Hamburg, München, Stuttgart, Wien, Basel, Genf und Zürich. Am Flughafen starten die Busse von *Phocéens Cars (Tel. 04 93 85 66 61)* mehrmals am Tag nach Le Cannet, Mandelieu, Fréjus, Le Muy, Brignoles und Marseille. Erste Billigairlines fliegen auch den Regionalflughafen ✈ Toulon-Hyères *(www.aeroport.var.cci.fr)* an, aber es gab bei Redaktionsschluss noch keine Linienflüge nach Deutschland.

■ AUSKUNFT

FRANZÖSISCHES FREMDENVERKEHRSAMT

– *Westendstr. 47 | 60325 Frankfurt/ Main | Tel. 0190/57 00 25 | Fax 59 90 61*

– *Argentinier Str. 41a | 1040 Wien | Tel. 0900/25 00 15 | Fax 01/503 28 71*
– *Löwenstr. 59 | 8023 Zürich | Tel. 0900/90 06 99 | Fax 01/217 46 17*
Für alle drei Länder: www.francegui de.com

COMITÉ RÉGIONAL DU TOURISME RIVIERA – CÔTE D'AZUR

55, promenade des Anglais | BP 1602 | 06011 Nice Cedex 1 | Tel. 04 93 37 78 78 | Fax 04 93 86 01 06 | www. guideriviera.com

COMITÉ RÉGIONAL DU TOURISME PROVENCE-ALPES – CÔTE D'AZUR

Les Docks | Atrium 10.5, 10, pl. de la Joliette | BP 46214 | 13567 Marseille | Tel. 04 91 56 47 00 | Fax 04 91 56 47 01 | www.decouverte-paca.fr

COMITÉ DÉPARTEMENTAL DU TOURISME DU VAR

1, bd. Foch | BP 99 | 83003 Draguignan Cedex | Tel. 04 94 5055 50 | Fax 04 94 50 55 51 | www.tourismevar. com

■ AUTO

Höchstgeschwindigkeit: Autobahn 130, bei Regen 110 km/h, National- und Départementsstraßen (N, D) 90, bei Regen 80 km/h, in Ortschaften 50 km/h. Vorsicht: Die Küstenstraßen sind in der Hauptsaison stark befahren. Die Polizei kontrolliert sehr streng und verhängt hohe Geldbußen.

Promillegrenze: 0,5. Pannenhilfe: Abschleppen *(dépanneur-remorqueur)* vermittelt die Polizei, Notrufsäule oder Rufnummer 17. Verkehrsunfall: Die Polizei muss nur bei Personenschaden eingreifen. Unbedingt die grüne Versicherungskarte mitnehmen.

■ BANKEN & KREDITKARTEN

Öffnungszeiten vorwiegend *Mo–Fr 8.30–12* und *14–17 Uhr.* Geldautomaten findet man fast in jedem Ort. Kreditkarten werden außer in großen Hotels und Restaurants auch in vielen Geschäften, Supermärkten, Autobahnzahlstellen *(péage)* und Tankstellen angenommen.

■ CAMPING

Den regionalen Campingführer gibt es beim entsprechenden *Comité Régional de Tourisme* oder in den Verkehrsämtern der einzelnen Orte. Den *Guide Officiel Camping Caravaning* gibt es bei der *Groupe Motor Presse France (12, rue Rouget de Lisle | Issy-les-Moulineaux | Tel. 01 41 33 37 37 | Fax 01 41 33 38 38).* Sie können ihn auch einsehen unter *www. campingfrance.com.*

■ DIPLOMATISCHE VERTRETUNGEN

DEUTSCHES KONSULAT
34, av. Henri Matisse | Nizza | Tel. 04 93 83 55 25 | Fax 04 93 83 05 50

> BLOGS & PODCASTS
Gute Tagebücher und Files im Internet

> *http://podsblitz.podspot.de* – St-Tropez in allen Facetten. Frank Wallesch betreibt den deutschsprachigen Podcast über das Hafenstädtchen.

> *www.ben-vautier.com* – Er war einer der Künstler, die Anfang der 1960er-Jahre in Deutschland die Fluxus-Bewegung mit Happenings und Performances begründet haben: Benjamin Vautier aus Nizza, der im Musée d'Art Moderne et d'Art Contemporain seiner Heimatstadt einen Extraplatz bekommen hat, verliert auch in fortgeschrittenem Alter nichts von seiner Lust am Spiel mit Farben, Formen und Buchstaben. Diese Site ist ein Leckerbissen für (französischsprachige) Kunstfreunde, die Spaß am Sehen (und Hören) haben.

> *www.qype.com* – Auch die Côte d'Azur hat ihre ersten Spuren auf der Seite der Internetgemeinschaft qype hinterlassen. Tipps für die Reise direkt von den Urlaubern gibt es für Vence und Antibes mit den Schwerpunkten Kunst und Museen.

> *www.legduma.com* – Der Grafiker Bruno Legduma hat fast anderthalb Dutzend Videofilme über St-Tropez zusammengetragen, die das (Alltags-)Leben in der kleinen Hafenstadt zeigen und die Geschichte des sommerlichen Jetset-Treffpunkts erklären – das Ganze allerdings ausschließlich auf Französisch. Dazu gibt es Fotogalerien mit Bildern von der ganzen Halbinsel.

Für den Inhalt der Blogs & Podcasts übernimmt die MARCO POLO Redaktion keine Verantwortung.

PRAKTISCHE HINWEISE

ÖSTERREICHISCHES KONSULAT
6, av. de Verdun | Nizza | Tel. 04 93 87 01 31 | Fax 04 93 87 59 92

SCHWEIZER KONSULAT
7, rue d'Arcole | Marseille | Tel. 04 96 10 14 10 | Fax 04 91 57 01 03

GESUNDHEIT

Deutsche und österreichische Versicherte müssen zunächst für medizinische Hilfe bezahlen, bekommen ihre Auslagen aber nach den Gesetzen des Heimatlandes erstattet. Die neue europäische Gesundheitskarte wird von Ärzten in Frankreich (noch) nicht anerkannt.

INTERNET

Das *Maison de la France (www.franceguide.com)* präsentiert Informationen auch in deutscher Sprache. Sehr nützlich sind die Seiten der Tourismusbüros in Regionen und Départements (siehe Auskunft). Für das Umland der Verdon-Schluchten empfiehlt sich die Website des Départements Alpes-de-Haute-Provence unter *www.alpes-haute-provence.com*; ein kommerzieller Anbieter mit Infors für Touristen v. a. im Département Var ist *www.provenceweb.fr*. Rezepte, Porträts und aktuelle Nachrichten aus Nizza bringt *www.nicerendezvous.com* hauptsächlich in französischer Sprache. Z. T. in deutscher Sprache erscheinen die Seiten des kommerziellen Anbieters *www.cote.azur.fr* mit vielen Tipps für Touristen, aber auch für Einheimische. Mit Liebe und vielen nützlichen Links über die Provence haben Susi und Volker Behnke *www.provence-info.de* zusammengestellt.

INTERNETCAFÉS

In allen großen Städten, aber auch in den Dörfern des Hinterlandes gibt es Internetcafés: z. B. *Webstore (12, rue de Russie | Tel. 04 89 06 90 00 | Mo–Fr 10–12, 14–19 Uhr | www.webstore.fr)* in Nizzas Bahnhofsviertel oder *Panini and Web (25, promenade des Anglais | Tel. 04 93 88 72 75 | tgl. 9–21 Uhr)* nahe beim Strand. *Das Planete Cyber (112, bd. Carnot |*

▶ WAS KOSTET WIE VIEL?

▸ **MENÜ**	**AB 9,50 EURO** für ein *menu touristique*
▸ **KAFFEE**	**AB 1,30 EURO** für einen Espresso
▸ **STRANDLIEGE**	**19 EURO** pro Tag in Nizza
▸ **WEIN**	**AB 4 EURO** für eine Karaffe (0,5 l)
▸ **BENZIN**	**UM 1,35 EURO** für 1 l Super
▸ **IMBISS**	**2,20 EURO** für ein Käsesandwich

Le Cannet | Tel. 04 93 43 36 33 | www.planetcyber. fr), das *Come N' Clic (75, av. de Cannes | Mandelieu, Tel. 04 93 48 92 91 | www.comenclic.com)* und *Via Fun (87, av. de Nice | Cagnes-sur-Mer | Tel. 04 93 07 01 44 | www.viafun.fr)* sind weitere Adressen. Internetanschlüsse gibt es in den meisten Hotels, WLAN-Hotspots, die in Frankreich *Wi-Fi (Wireless Fidelity)* genannt werden, sind zumindest an der Küste keine Seltenheit mehr, gehören in vielen Hotels und in den Yachthäfen zwischen Hyères und Nizza zur Standardausstattung.

▉ JUGENDHERBERGEN ▉▉▉▉▉

Für die Herbergen in Städten wie Menton, Fréjus oder auf dem Cap d'Antibes brauchen Sie den internationalen Jugendherbergsausweis. Auskunft: *Deutsches Jugendherbergswerk (Bismarckstr. 8 | 32756 Detmold | Tel. 05231/740 10 | Fax 74 01 49 | www.jugendherberge.de)*

▉ NOTRUF ▉▉▉▉▉▉▉▉

Europäischer Notruf: 112

▉ ÖFFENTLICHE VERKEHRSMITTEL ▉▉▉▉

Ohne Auto kann es schwierig werden, sich an der Côte d'Azur fortzubewegen, vor allem im Hinterland. An der Küste funktionieren die öffentlichen Verkehrsmittel (Bus und Bahn) ganz gut, auch wenn die Lektüre der Fahrpläne und Tarife für nicht französisch sprechende Besucher kompliziert ist. In Nizza fährt seit 2007 wieder eine Straßenbahn *(tramway)*. Lichtblick auch für Einheimische sind die *Transports Alpes-Maritimes* (TAM). Auf den rund 60 TAM-Buslinien im Departement *(www.cg06.fr)* gilt für jede Fahrt der Einheitstarif von 1,30 Euro. Haltestellen gibt es z. B. in Grasse, Cannes, Antibes, Menton, Nizza, aber auch in den Dörfern des Hinterlandes.

▉ POST ▉▉▉▉▉▉▉▉▉▉

Briefe (bis 20g) und Postkarten in EU-Länder kosten 0,60 Euro. Monaco gibt eigene Briefmarken heraus.

Die Postämter sind in der Regel *Mo–Fr 9–12* und *14–17, Sa 9–12 Uhr* geöffnet. Briefmarken gibt es auch im Tabakgeschäft oder direkt beim Kauf der Postkarte.

▉ PRIVATUNTERKUNFT ▉▉▉▉

Private Gästezimmer sind eine oft preiswerte Alternative zu Hotels. Gute Qualität bieten die *chambres d'hôtes,* das französische Pendant zum englischen Bed & Breakfast, zu buchen über *Maison des Gîtes de France (59, rue St-Lazare | 75009 Paris | Tel. 01 49 70 75 75 | www. gites-de-france.fr)*. Ein neuer Dachverband für Gästezimmer in Südfrankreich ist Fleurs du Soleil *(Domaine du Frère | Les Milles | Aix-en-Provence | Tel. 04 42 24 24 62 | www. fleurs-soleil. tm.fr)*. Die lokalen Verkehrsämter halten weitere Adressen bereit.

▉ REISEZEIT ▉▉▉▉▉▉▉▉▉

Im Mai, Juni oder September sind die Hotels und Strände noch nicht bzw. nicht mehr überfüllt, außerdem ist es nicht ganz so heiß. Schön ist auch der Oktober, wenn die Luft und die Farben klarer werden. Oder Sie reisen zur Mimosenblüte ab Ende Januar, um dem Winter zu entfliehen.

▉ STROM ▉▉▉▉▉▉▉▉▉▉

Manche deutschen Geräte passen nicht in ältere französische Stecker, ein Adapter ist notwendig.

▉ TELEFON & HANDY ▉▉▉▉

Telefonzellen sind fast alle auf Karten umgestellt, die es am Postschalter oder in Tabakläden gibt. Telefonate nach Hause: Deutschland 0049, Österreich 0043, Schweiz 0041. Vorwahl nach Frankreich: 0033, die Rufnummer ohne „0" vorweg (innerhalb Frankreichs gibt es keine Vorwahl). Vorwahl Monaco: 00377.

Die Franzosen nennen das Handy *portable*. Es gibt drei große Anbieter, Cegetel *(www.sfr.fr)*, Orange *(www.orange.com | mit deutscher Seite)* und *Bouygues (www.bouyguestelecom.fr)*. Außerhalb der Städte gibt es manchmal kein Netz. Beim Roaming spart, wer das günstigste Netz wählt. Mit einer Prepaid-Karte des Gastlandes entfallen die Gebühren für eingehende Anrufe. Prepaid-Karten wie die von *GlobalSim (www.globalsim.net)* oder *Globilo (www.globilo.de)* sind zwar teurer, ersparen aber ebenfalls alle Roaming-Gebühren. Und: Sie bekommen schon zu Hause Ihre neue Nummer. Immer günstig sind SMS. Hohe Kosten verursacht die Mailbox: noch im Heimatland abschalten!

TRINKGELD

Sie können dasselbe Trinkgeld *(pourboire)* geben wie zu Hause.

ZEITUNGEN

Die größten regionalen Tageszeitungen sind *Nice Matin* und *Var Matin* mit guten Veranstaltungskalendern. In allen größeren Orten gibt es deutschsprachige Zeitungen und Zeitschriften. Eine Besonderheit ist die in Drap bei Nizza monatlich erscheinende *Riviera–Côte d'Azur-Zeitung (www.rczeitung.com)* in deutscher Sprache mit vielen praktischen Informationen.

ZOLL

Innerhalb der EU dürfen Waren für den persönlichen Bedarf frei ein- und ausgeführt werden; Richtwerte hierfür sind u.a. 800 Zigaretten, 90 l Wein, 10 l Spirituosen über 22 Prozent. Für Schweizer gelten deutlich geringere Mengen. *www.zoll-d.de*

WETTER IN NIZZA

Jan.	Feb.	März	April	Mai	Juni	Juli	Aug.	Sept.	Okt.	Nov.	Dez.
13	13	15	17	20	24	27	27	25	21	17	13

Tagestemperaturen in °C

Jan.	Feb.	März	April	Mai	Juni	Juli	Aug.	Sept.	Okt.	Nov.	Dez.
4	5	7	9	13	16	18	18	16	12	8	5

Nachttemperaturen in °C

Jan.	Feb.	März	April	Mai	Juni	Juli	Aug.	Sept.	Okt.	Nov.	Dez.
5	6	6	8	9	10	12	11	9	7	5	5

Sonnenschein Std./Tag

Jan.	Feb.	März	April	Mai	Juni	Juli	Aug.	Sept.	Okt.	Nov.	Dez.
7	6	6	8	6	3	2	3	6	8	8	7

Niederschlag Tage/Monat

Jan.	Feb.	März	April	Mai	Juni	Juli	Aug.	Sept.	Okt.	Nov.	Dez.
13	12	13	14	16	20	22	23	21	19	16	14

Wassertemperaturen in °C

> TU PARLES FRANÇAIS?

„Sprichst du Französisch?" Dieser Sprachführer hilft Ihnen,
die wichtigsten Wörter und Sätze auf Französisch zu sagen

Aussprache

Zur Erleichterung der Aussprache sind alle französischen Wörter mit einer einfachen
Aussprache (in eckigen Klammern) versehen.

■ AUF EINEN BLICK

Ja/Nein	Oui [ui]/Non [nong]
Vielleicht	Peut-être [pöhtätr]
Bitte	S'il vous plaît [sil wu plä]
Danke	Merci [märsi]
Gern geschehen.	De rien. [dö rjäng]
Entschuldigen Sie!	Excusez-moi! [äksküseh mua]
Wie bitte?	Comment? [kommang]
Ich verstehe Sie/dich nicht.	Je ne comprends pas.
	[schön kongprang pa]
Ich spreche nur wenig	Je parle un tout petit peu français.
Französisch.	[schparl äng tu pti pöh frangsä]
Können Sie mir bitte	Vous pouvez m'aider, s.v.p.?
helfen?	[wu puweh mehdeh sil wu plä]
Guten Morgen/Tag!	Bonjour! [bongschur]
Guten Abend!	Bonsoir! [bongsuar]
Hallo!/Grüß dich!	Salut! [salü]
Wie ist Ihr Name, bitte?	Comment vous appelez-vous?
	[kommang wus_apleh wu]
Wie heißt du?	Comment tu t'appelles?
	[kommang tü tapäl]
Mein Name ist …	Je m'appelle … [schö mapäl]
Auf Wiedersehen!	Au revoir! [oh röwuar]
Tschüss!	Salut! [salü]
Hilfe!	Au secours! [oh skur]
Rufen Sie bitte schnell …	Appelez vite … [apleh wit]
… einen Krankenwagen.	… une ambulance. [ün_angbülangs]
… die Polizei.	… la police. [la polis]

■ UNTERWEGS

Bitte, wo ist …?	Pardon, où se trouve …, s.v.p.?
	[pardong, us truw … sil wu plä]
… der Bahnhof?	… la gare … [la gar]
… der Flughafen?	… l'aéroport … [laehropor]

SPRACHFÜHRER FRANZÖSISCH

… die Haltestelle?	… l'arrêt … [larä]/
	… la station … [la stasjong]
… der Taxistand?	… la place de voitures …
	[la plas dö woitür]
Bus/Fähre/Zug	le bus [lö büs]/le bac [lö bak]/
	le train [lö träng]
Entschuldigung,	Pour aller à …, s.v.p.?
wie komme ich nach …?	[pur_aleh a sil wu plä]
nah/weit	près [prä]/loin [luäng]
Ich möchte … mieten.	Je voudrais louer … [schwudrä lueh]
… ein Auto …	… une voiture. [ün wuatür]
… ein Fahrrad …	… un vélo. [äng wehloh]
… ein Boot …	… un bateau. [äng batoh]
offen/geschlossen	ouvert,e [uwär, uwärt]/
	fermé,e [färmeh]
drücken/ziehen	presser [presseh]/tirer [tireh]
Eingang/Ausgang	l'entrée [l'angtreh]/la sortie [la sorti]
Wo sind bitte die Toiletten?	Où sont les W.-C., s.v.p.?
	[u song leh wehseh sil wu plä]
Damen/Herren	dames [damm]/messieurs [messjöh]

■ SEHENSWERTES

Wann ist das Museum	A quelle heure ouvre le musée?
geöffnet?	[a käl_ör uwrö lö müseh]
Altstadt	la vieille ville [la wjäj wil]
Ausstellung	l'exposition [läkspohsisjong]
Kirche	l'église [lehglis]
Rathaus	la mairie [la märi]/
	l'hôtel de ville [lotäl dö wil]
	(Großstadt)
Schloss	le château [lö schatoh]
Stadtplan	le plan (de la ville)
	[lö plang (dö la wil)]
Stadtzentrum	le centre de la ville [santre dö la wil]

■ DATUM- & ZEITANGABEN

Montag	lundi [längdi]
Dienstag	mardi [mardi]
Mittwoch	mercredi [märkrödi]
Donnerstag	jeudi [schödi]

Freitag	vendredi [wangdrödi]
Samstag	samedi [samdi]
Sonntag	dimanche [dimangsch]
heute/morgen	aujourd'hui [oschurdüi]/
	demain [dömäng]
täglich	par jour [par schur]
Wie viel Uhr ist es?	Quelle heure est-il? [käl_ör ät_il]
Es ist 3 Uhr.	Il est trois heures. [il_ät truas_ör]
Es ist halb 3.	Il est deux heures et demie.
	[il_ät döhs_ör eh dmi]
Es ist Viertel vor 3.	Il est trois heures moins le quart.
	[il_ät truas_ör muängl kar]
Es ist Viertel nach 3.	Il est trois heures et quart.
	[il_ät truas_ör eh kar]

ESSEN & TRINKEN

Die Speisekarte, bitte.	La carte, s.v.p. [la kart sil wu plä]
Ich nehme …	Je prendrai … [schö prangdrä]
Bitte ein Glas …	Un verre de …, s.v.p.
	[äng wär dö … sil wu plä]
Vorspeise	le hors-d'œuvre [lö ordöwr]
Hauptgericht	le plat de résistance
	[lö plad rehsistangs]
Nachspeise	le dessert [lö dehsär]
Salz/Pfeffer	le sel [lö säl]/le poivre [lö puawr]
scharf	fort,e [for, fort]
Ich bin Vegetarier/in.	Je suis végétarien.
	[schö süi weschetariang]
Trinkgeld	le pourboire [lö purbuar]
Die Rechnung, bitte.	L'addition, s.v.p. [ladisjong sil wu plä]

EINKAUFEN

Wo kann ich … kaufen?	Où est-ce qu'on peut acheter …?
	[u äs kong pöht aschteh]
Apotheke	la pharmacie [la farmasi]
Bäckerei	la boulangerie [la bulangschri]
Kaufhaus	le grand magasin [lö grang magasäng]
Lebensmittelgeschäft	l'épicerie [lehpisri]
Markt	le marché [lö marscheh]
Haben Sie …?	Vous avez …? [wus_aweh]
Ich möchte …	J'aimerais … [schämrä]
Eine Einkaufstüte, bitte.	Un sac, s.v.p. [äng sak sil wu plä]
Das gefällt mir nicht.	Ça ne me plaît pas. [san mö plä pa]
Wie viel kostet es?	Combien ça coûte? [kongbjäng sa kut]

SPRACHFÜHRER

Nehmen Sie Kreditkarten?

Vous prenez les cartes de crédit?
[wu pröneh leh kart dö krehdi]

ÜBERNACHTEN

Ich habe bei Ihnen ein Zimmer reserviert.

J'ai réservé une chambre chez vous.
[schö rehsärweh ün schangbrö scheh wu]

Haben Sie noch …

Est-ce que vous avez encore …
[äs_kö wus_aweh angkor]

… ein Einzelzimmer?

… une chambre pour une personne?
[ün schangbr pur ün pärsonn]

… ein Zweibettzimmer?

… une chambre pour deux personnes
[ün schangbr pur döh pärsonn]

mit Bad

avec salle de bains [awäk sal dö bäng]

Was kostet das Zimmer mit Frühstück?

Quel est le prix de la chambre, petit déjeuner compris?
[käl_ä lö prid la schangbr pti dehschöneh kongpri]

PRAKTISCHE INFORMATIONEN

Können Sie mir einen Arzt empfehlen?

Vous pourriez recommander un médecin, s.v.p.?
[wu purjeh rökommang deh äng bong mehdsäng sil wu plä]

Ich habe hier Schmerzen.

J'ai mal ici. [scheh mal isi]

Eine Briefmarke, bitte.

Un timbre, s.v.p.
[äng tambre sil wu plä]

Postkarte

la carte postale [la kart postal]

Wo ist hier bitte eine Bank?

Pardon, je cherche une banque.
[pardong schö schärsch ün bangk]

Geldautomat

la billetterie [la bijätri]

ZAHLEN

1	un, une [äng, ühn]	11	onze [ongs]
2	deux [döh]	12	douze [dus]
3	trois [trua]	20	vingt [wäng]
4	quatre [katr]	50	cinquante [sängkangt]
5	cinq [sängk]	100	cent [sang]
6	six [sis]	200	deux cents [döh sang]
7	sept [sät]	500	cinque cents [sängk sang]
8	huit [üit]	1000	mille [mil]
9	neuf [nöf]	1/2	un demi [äng dmi]
10	dix [dis]	1/4	un quart [äng kar]

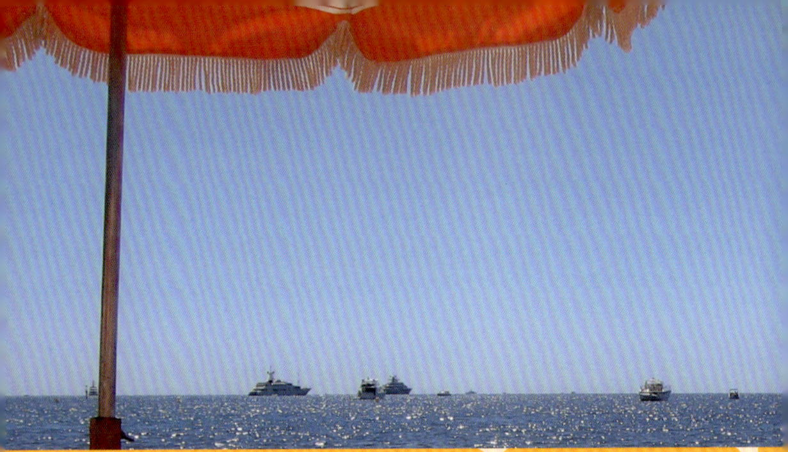

> Die Seiteneinteilung für den Reiseatlas finden Sie auf dem hinteren Umschlag dieses Reiseführers.

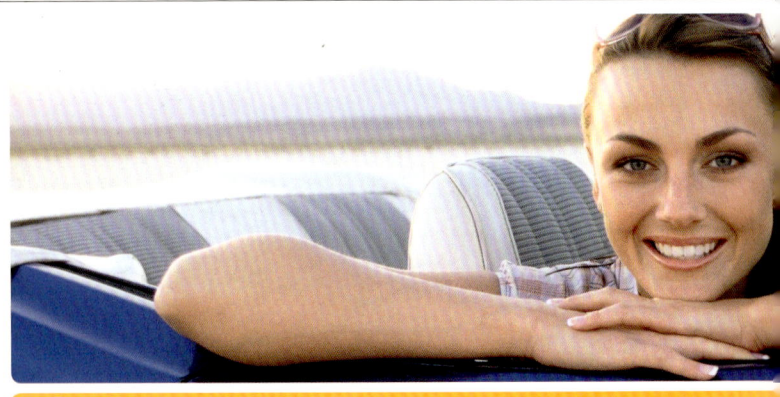

REISEATLAS
CÔTE A'ZUR

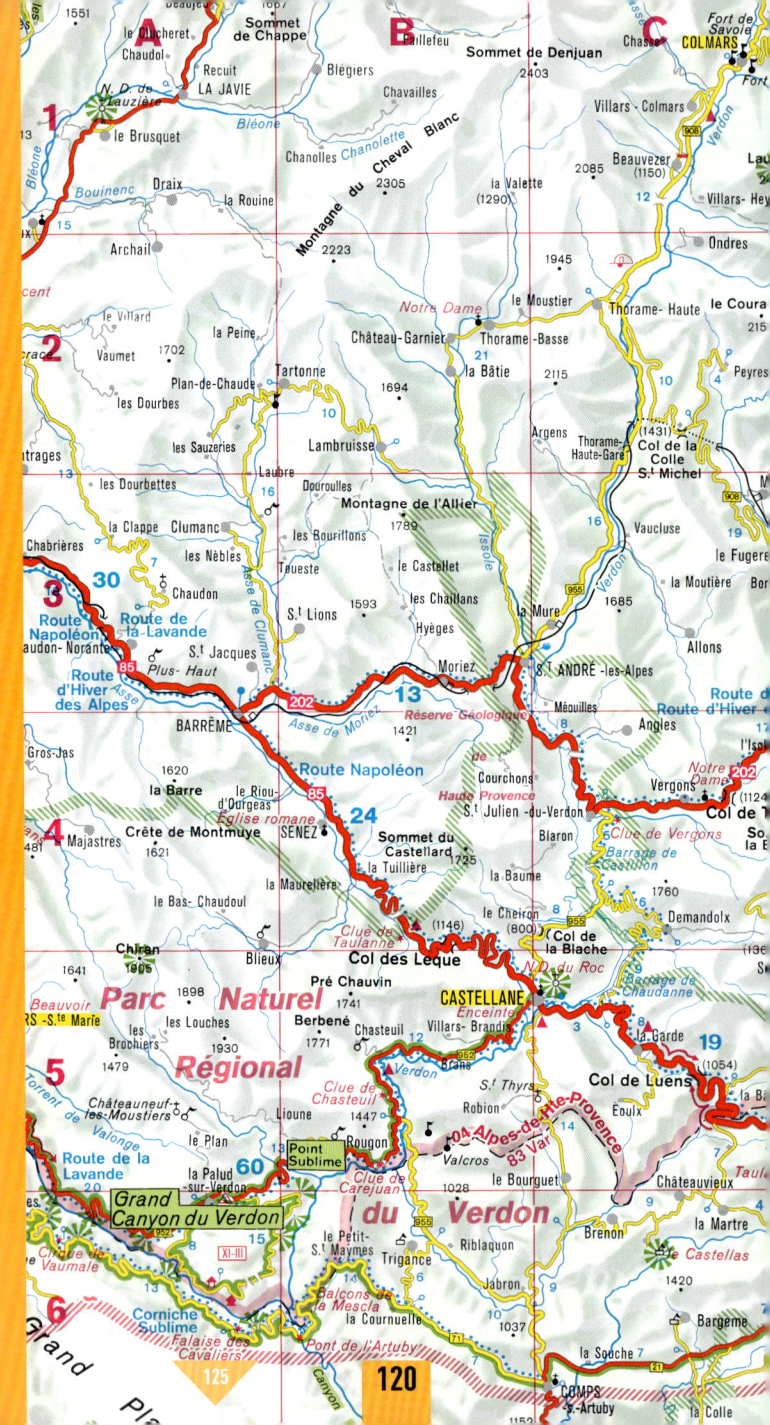

Autobahn mit Anschlussstelle - Mautstelle	Motorway with junction - Toll
Autobahn in Bau - geplant	Motorway under construction - projected
Tankstelle - Rasthaus - mit Motel	Filling station - Restaurant - with motel
Vierspurige Straße - in Bau	Road with four lanes - under construction
National- oder Staatsstraße - in Bau	Trunk road - under construction
Wichtige Hauptstraße - in Bau	Important main road - under construction
Hauptstraße - Nebenstraße	Main road - Secondary road
Fahrweg - Fußweg	Practicable road - Footpath
Passstraße mit Wintersperre - Steigung	Mountain pass closed in winter - Gradient
Für Wohnwagen nicht empfehlenswert - gesperrt	Not suitable for caravans - closed
Gebührenpflichtige Straße - Für Kfz gesperrt	Toll road - Road closed for motor traffic
Hauptbahn mit Bahnhof - Nebenbahn	Main railway with station - Other railway
Eisenbahn (Güterverkehr) - Autoverladung	Railway (freight haulage) - Railway ferry for cars
Zahnradbahn - Seilbahn - Sessellift	Rack-railway - Cable lift - Chair lift
Autofähre - Schifffahrtslinie	Car ferry - Shipping route
Flughafen - Regionalflughafen - Flugplatz - Segelflugplatz	Airport - Regional airport - Airfield - Gliding field
Besonders sehenswerter Ort	Place of particular interest
Besondere Natursehenswürdigkeit	Natural object of particular interest
Sonstige Sehenswürdigkeit	Other objects of interest
Landschaftlich schöne Strecke	Scenic road
Touristenstraße	Tourist route
Nationalpark, Naturpark - Aussichtspunkt	National park, nature park - Viewpoint
Botanischer Garten, sehenswerter Park - Zoologischer Garten	Botanical gardens, interesting park - Zoological garden
Burg, Schloss für Besucher zugänglich - Ruine	Castle open to public - Ruin
Sonstige Burg, Schloss - Kirche - Kloster - Ruinen	Other castle - Church - Monastery - Ruins
Turm - Funk- oder Fernsehturm	Tower - Radio- or TV tower
Denkmal - Leuchtturm	Monument - Lighthouse
Golfplatz - Jachthafen	Golf-course - Marina
Hotel, Motel, Gasthaus - Berghütte - Feriendorf	hotel, motel, inn - Mountain hut - Tourist colony
Campingplatz - Jugendherberge	Camping - Youth hostel
Strandbad - Schwimmbad - Heilbad	Bathing place - Swimming pool - Spa
Staatsgrenze	State boundary
Grenzkontrollstelle international - mit Beschränkung	International check-point - Check-point with restrictions
Verwaltungsgrenze - Sperrgebiet	Administrative boundary - Restricted area
Ausflüge & Touren	Excursions & tours

über den daten-highway zu mehr spaß auf allen anderen straßen:

kein urlaub ohne

holiday autos

FREUEN SIE
SICH ÜBER
15 EURO
MIETWAGEN-
RABATT!

15 euro rabatt sichern! sms mit HOLIDAY an 83111*
(49 cent/sms)

so einfach geht's:
senden sie das wort **HOLIDAY** per sms an die nummer **83111***
(49 cent/sms) und wir schicken ihnen ihren rabatt-code per sms zurück.
mit diesem code erhalten sie 15 euro preisnachlass auf ihre nächste
mietwagenbuchung! einzulösen ganz einfach in reisebüros, unter der
hotline 0180 5 17 91 91 (14 cent/min) oder unter www.holidayautos.de
(mindestalter des mietwagenbuchers: in der regel 21 jahre). der code ist
gültig für buchung und mietbeginn bis 31.12.2010 für eine mindest-
mietdauer von 5 tagen. der rabattcode kann pro mobilfunknummer nur
einmal angefordert werden. dieses angebot ist gültig für alle zielgebiete
aus dem programm von holiday autos nach verfügbarkeit.

*vodafone-kunden: 12 cent vodafone-leistung + 37 cent zusatzentgelt des anbieters.
 teilnahme nur mit deutscher sim-karte möglich.

REGISTER

Das Register umfasst alle erwähnten Orte und Ausflugsziele sowie wichtige Stichworte. Halbfette Seitenzahlen verweisen auf den Haupteintrag, kursive auf ein Foto.

IMPRESSUM

IMPRESSUM

Titelbild: Nizza, Negresco, Palmen (Bilderberg: Poupinet)
Fotos: Association: Lou Païs (12 M.); P. Bausch (135); Bilderberg: Giraudou (22/23), Poupinet (1), Steinhilber (18/19); Cyclopolitain (99 o.); W. Dieterich (44, 107); Don Camillo Créations (98 u.); Fleur de Café (15 o.); R. Freyer (26, 68); R. M. Gill (U.M., 2r., 11, 28, 70, 79); HB Verlag: Wackenhut (96); Huber: Belenos (62/63), Gräfenhain (23), Puku (90), Spila (92/93); © iStockphoto.com: April30 (13 u.), KMITU (99 M. r.), nikada33 (99 M. l.), onfilm (98 o.), RapidEye (14 o.), sagayago (99 u. l.); J. Kelagopian (99 u. r.); B. Kimmig (12 o.); H. Krinitz (U.l., U.r., 2l., 5, 21, 27, 42, 48, 51, 56, 89); N. Kustos (37, 82); Laif: Celentano (77), Gamma (8/9, 22), Heeb (64/65, 95), Hemispheres (24/25, 40, 49, 58, 80ff., 84/85, 86), Kirchner (100/101), Kreuels (74/75), Reporters (16/17), Siemers (29); Look: Friedel (34, 57), Greune (30/31), Richter (6/7, 61); Mauritius: Imagebroker.net (104/105), Merten (4l., 4r., 52/53), Nägele (38/39), Photononstop (94), Thonig (72), Vidler (3 M., 97); Midan (12 u.); D. Mueller (14 u.); M. Pereira (98 M. l.); S. B. M. / Realis Photo Agency: S. Darrasse (15 u.); A. Schlatterer (118/119); Sirop- T Premium (13 o.); T. Stankiewicz (3 r., 32, 47, 54, 66, 73, 103, 106); M. Thomas (31.); La Verrerie de Biot (28/29); Visiobulle (98 M. r.);

3. (11.), aktualisierte Auflage 2008
© MAIRDUMONT GmbH & Co. KG, Ostfildern
Verlegerin: Stephanie Mair-Huydts; Chefredaktion: Michaela Lienemann, Marion Zorn;
Autor: Peter Bausch; Redaktion: Christina Sothmann;
Programmbetreuung: Leonie Dlugosch, Nadia Al Kureischi; Bildredaktion: Gabriele Forst, Anja Schlatterer
Szene/24h: wunder media, München
Kartografie Reiseatlas: © MAIRDUMONT, Ostfildern
Innengestaltung: Zum goldenen Hirschen, Hamburg; Titel/S. 1–3: Factor Product, München
Sprachführer: in Zusammenarbeit mit Ernst Klett Sprachen GmbH, Stuttgart, Redaktion PONS Wörterbücher

FÜR IHRE NÄCHSTE REISE

gibt es folgende MARCO POLO Titel:

DEUTSCHLAND
Allgäu
Amrum/Föhr
Bayerischer Wald
Berlin
Bodensee
Chiemgau/Berchtes-
gadener Land
Dresden/Sächsische
Schweiz
Düsseldorf
Eifel
Erzgebirge/Vogtland
Franken
Frankfurt
Hamburg
Harz
Heidelberg
Köln
Lausitz/Spreewald/
Zittauer Gebirge
Leipzig
Lüneburger Heide/
Wendland
Mark Brandenburg
Mecklenburgische
Seenplatte
Mosel
München
Nordseeküste
Schleswig-
Holstein
Oberbayern
Ostfriesische Inseln
Ostfriesland/
Nordseeküste/
Niedersachsen/
Helgoland
Ostseeküste
Mecklenburg-
Vorpommern
Ostseeküste
Schleswig-
Holstein
Pfalz
Potsdam
Rheingau/
Wiesbaden
Rügen/Hiddensee/
Stralsund
Ruhrgebiet
Schwäbische Alb
Schwarzwald
Stuttgart
Sylt
Thüringen
Usedom
Weimar

ÖSTERREICH | SCHWEIZ
Berner Oberland/
Bern
Kärnten
Österreich
Salzburger Land

Schweiz
Tessin
Tirol
Wien
Zürich

FRANKREICH
Bretagne
Burgund
Côte d'Azur/
Monaco
Elsass
Frankreich
Französische
Atlantikküste
Korsika
Languedoc
Roussillon
Loire-Tal
Normandie
Paris
Provence

ITALIEN | MALTA
Apulien
Capri
Dolomiten
Elba/Toskanischer
Archipel
Emilia-Romagna
Florenz
Gardasee
Golf von Neapel
Ischia
Italien
Italienische Adria
Italien Nord
Italien Süd
Kalabrien
Ligurien/
Cinque Terre
Mailand/Lombardei
Malta/Gozo
Oberital. Seen
Piemont/Turin
Rom
Sardinien
Sizilien/
Liparische Inseln
Südtirol
Toskana
Umbrien
Venedig
Venetien/Friaul

SPANIEN | PORTUGAL
Algarve
Andalusien
Barcelona
Baskenland/Bilbao
Costa Blanca
Costa Brava
Costa del Sol/
Granada
Fuerteventura

Gran Canaria
Ibiza/Formentera
Jakobsweg/Spanien
La Gomera/El Hierro
Lanzarote
La Palma
Lissabon
Madeira
Madrid
Mallorca
Menorca
Portugal
Spanien
Teneriffa

NORDEUROPA
Bornholm
Dänemark
Finnland
Island
Kopenhagen
Norwegen
Schweden
Südschweden/
Stockholm

WESTEUROPA | BENELUX
Amsterdam
Brüssel
Dublin
England
Flandern
Irland
Kanalinseln
London
Luxemburg
Niederlande
Niederländische
Küste
Schottland
Südengland

OSTEUROPA
Baltikum
Budapest
Estland
Kaliningrader Gebiet
Lettland
Litauen/Kurische
Nehrung
Masurische Seen
Moskau
Plattensee
Polen
Polnische Ostsee-
küste/Danzig
Prag
Riesengebirge
Rumänien
Russland
Slowakei
St. Petersburg
Tschechien
Ungarn
Warschau

SÜDOSTEUROPA
Bulgarien
Bulgarische
Schwarz-
meerküste
Kroatische Küste/
Dalmatien
Kroatische Küste/
Istrien/Kvarner
Montenegro
Slowenien

GRIECHENLAND | TÜRKEI
Athen
Chalkidiki
Griechenland
Festland
Griechische
Inseln/Ägäis
Istanbul
Korfu
Kos
Kreta
Peloponnes
Rhodos
Samos
Santorin
Türkei
Türkische Südküste
Türkische Westküste
Zakinthos
Zypern

NORDAMERIKA
Alaska
Chicago und
die Großen Seen
Florida
Hawaii
Kalifornien
Kanada
Kanada Ost
Kanada West
Las Vegas
Los Angeles
New York
San Francisco
USA
USA Neuengland/
Long Island
USA Ost
USA Südstaaten/
New Orleans
USA Südwest
USA West
Washington D.C.

MITTEL- UND SÜDAMERIKA
Argentinien
Brasilien
Chile
Costa Rica
Dominikanische
Republik

Jamaika
Karibik/
Große Antillen
Karibik/
Kleine Antillen
Kuba
Mexiko
Peru/Bolivien
Venezuela
Yucatán

AFRIKA | VORDERER ORIENT
Ägypten
Djerba/
Südtunesien
Dubai/Vereinigte
Arabische Emirate
Israel
Jerusalem
Jordanien
Kapstadt/
Wine Lands/
Garden Route
Kenia
Marokko
Namibia
Qatar/Bahrain/
Kuwait
Rotes Meer/Sinai
Südafrika
Tunesien

ASIEN
Bali/Lombok
Bangkok
China
Hongkong/
Macau
Indien
Japan
Ko Samui/
Ko Phangan
Malaysia
Nepal
Peking
Philippinen
Phuket
Rajasthan
Shanghai
Singapur
Sri Lanka
Thailand
Tokio
Vietnam

INDISCHER OZEAN | PAZIFIK
Australien
Malediven
Mauritius
Neuseeland
Seychellen
Südsee

> UNSER INSIDER

MARCO POLO Autor Peter Bausch im Interview

Der Journalist Peter Bausch mit zweitem Wohnsitz in Südfrankreich ist ein Kenner der Côte d'Azur, ihres Hinterlandes und ihrer Küche

Was verschlug Sie nach Südfrankreich?

Weil ich Mitte der 70er-Jahre in Deutschland am Numerus Clausus gescheitert bin, studierte ich in Aix-en-Provence und bin seitdem nicht mehr von Südfrankreich losgekommen. Dank meines Berufes kann ich jedes Jahr mindestens vier Monate im Süden leben.

Was reizt Sie an Südfrankreich??

Die Menschen, die großartige Landschaft mit Meer und Bergen, das Klima, die Weine, die Küche, die Kunst, also fast alles. Mittlerweile bin ich mit einer Französin verheiratet und habe eine zweite Familie in meiner Wahlheimat. Es gibt kaum etwas Schöneres, als mitten im Winter durch blühende Mimosenwälder zu wandern und danach am Strand der Côte d'Azur einen Espresso unter Palmen in der Sonne zu schlürfen.

Was machen Sie beruflich?

Seit 1981 arbeite ich in der Redaktion der Sindelfinger Zeitung und zeichne dort für den Kulturteil verantwortlich. In Frankreich schreibe ich als freier Journalist für Magazine wie die Riviera Côte d'Azur-Zeitung. Für MARCO POLO betreue ich vier Bände, u. a. auch den kulinarischen Reiseführer Provence/Côte d'Azur.

Wie und wo leben Sie genau?

Wir haben eine kleine Wohnung mit Garten im Zentrum von Aix-en-Provence, sind aber sehr viel in der Region und an der Côte d'Azur unterwegs.

Was tun Sie in Ihrer Freizeit?

Reisen. So passt das Hobby zum Beruf. Ich bin neugierig, entdecke auch nach 30 Jahren immer noch neue Ecken in Südfrankreich. Die Côte d'Azur mit ihren schönen Museen ist ideal für mich, weil ich mich für Kunst und Kultur interessiere. Viel zu selten komme ich zum Segeln, kenne aber inzwischen die meisten Küstenwanderwege und verbinde Geschäftstermine in Nizza oder Menton oft mit einem Bad im Mittelmeer.

Mögen Sie die südfranzösische Küche?

Und wie! Die Palette reicht ja von raffinierten Gerichten, denen parfümierte Zutaten aus Grasse den letzten Schliff geben, bis zur einfachen Pistousuppe und Fisch in allen Variationen. Da macht selbst das Kochen zu Hause Spaß, wenn wir versuchen, die Rezepte der großen Küchenchefs nachzuvollziehen.

Stört Sie etwas an der Côte d'Azur?

Es wird zunehmend zur Qual, an der Küste Auto zu fahren. Staus sind auch in der Nebensaison das tägliche Brot, Parkplätze nicht nur in Nizza Glückstreffer.

> BLOSS NICHT!

An der Côte d'Azur gibt es Dinge, die Sie vermeiden sollten

Leichtsinnig mit Feuer umgehen

Jahr für Jahr brennen an der Côte d'Azur und im Hinterland die Wälder. In trockenen Sommern reicht schon eine achtlos weggeworfene Zigarettenkippe, um einen ganzen Landstrich in Glut und Asche zu verwandeln. Der Staat hat seit den katastrophalen Feuerbrünsten 2003 die Notbremse gezogen: Bei Brandgefahr in trockenen Sommern und bei starkem Wind werden die Berge im Esterel oder im Massif des Maures für Wanderer und Radler komplett gesperrt. Halten Sie sich daran! Informieren Sie sich entweder unter *Tel. 04 98 10 55 41* oder bei den lokalen Verkehrsämtern über die aktuelle Situation.

Stadtspaziergang in Badehose

Es mag ja bequem sein und es ist ja soo heiß. Aber halten Sie sich bitte an die einfachsten Bekleidungsvorschriften und schlendern Sie nicht in der Badehose und mit dem übergeworfenen Handtuch durch die Städte. Die Zeit fürs Umziehen nach dem Strandbesuch sollten Sie sich nehmen und ein bisschen Stil sollte auch im Urlaub gewahrt bleiben. Städte wie Ste-Maxime am Golf von St-Tropez haben schon reagiert und belegen allzu freizügig gekleidete Einheimische und Touristen inzwischen mit Bußgeldern.

Wild campen

So verlockend ein schönes Plätzchen in freier Natur sein mag, um ein Zelt aufzustellen oder das Wohnmobil zu par-

ken – französische Grundbesitzer sehen das gar nicht gern und reagieren meist sauer. Mit Bußgeld belegt wird wildes Campen in den Bergen von Esterel und Massif des Maures; ein Sicherheitsabstand von mindestens 200 m zum Wald ist überall vorgeschrieben. Viele Gemeinden an der Côte d'Azur haben extra Stationen für Wohnmobile eingerichtet, und an Campingplätzen in herrlicher Lage fehlt es auch nicht.

Wertsachen im Auto lassen

Die Côte d'Azur ist für Reisende eine Landschaft von paradiesischer Schönheit. Aber auch hier gibt es soziale Probleme und Armut. Autos mit ausländischem Kennzeichen sind daher Zielscheibe für Diebe. Auf keinen Fall Wertsachen im Wagen sichtbar liegen lassen. Übrigens: Der Handtaschenraub auch aus besetztem Auto ist eine neue Masche der Langfinger. Also nicht vergessen, in Städten und vor allem an Ampeln bei Zentralverriegelung die Autotüren per Hand zu schließen.

Folklorekitsch kaufen

Was an der Côte d'Azur und im Hinterland bisweilen als Kunst verkauft wird, ist oft Ramsch und Folklorekitsch. Vorsicht auch bei hübsch mit provenzalischen Stoffen dekorierten Flaschen von Olivenöl. Der teuer verkaufte Inhalt ist oft nicht das Geld wert. Achten Sie auf Herkunftsbezeichnungen und Echtheitszertifikate.